Konrad Pilger

Ausgleicher und Awarokratie

AF209071

Ausgleicher und Awarokratie

Manifest für eine bewusste Zivilisation

Konrad Pilger

Bibliografische Information der deutschen Nationalbibliothek: Die deutsche Nationalbibliothek verzeichnet diese Publikation in der deutschen Nationalbibliografie; detaillierte bibliografische Daten sind im Internet über dnb.dnb.de abrufbar.

Copyright © 2021 Konrad Pilger
Alle Rechte vorbehalten.
Herstellung: BoD – Books on Demand, Norderstedt.

ISBN 978 39488098148

Vorwort zur zweiten Auflage

Liebe Leserinnen und Leser!

Viele Menschen sorgen sich um unsere Demokratie. Sie sehen sie scharfen Angriffen ausgesetzt, die von politischen oder religiösen Extremisten stammen, oder sie fürchten, dass internationale Konzerne eines Tages mehr Macht als gewählte Regierungen besitzen könnten. Doch diese Ängste sind unbegründet. Es werden sich weder totalitäre Systeme über die Erde ausbreiten, noch wird ein weltumspannender Überwachungsstaat entstehen. Die Demokratie wird nicht verschwinden, im Gegenteil, sie wird stärker als je zuvor werden.

Zwei Neuerungen tragen dazu bei:

1. Die wichtigsten Ämter werden nicht mehr von Parteipolitikern besetzt, sondern von unabhängigen Personen (Ausgleichern), die weise und nachhaltig entscheiden.

2. Mehr direkte Demokratie und Beteiligung breiter Bevölkerungsschichten am politischen Prozess. Das System wird besser, einfacher, schlanker.

In Politik und Gesellschaft kommen erhebliche Veränderungen auf uns zu. Die Gräben zwischen den verschiedenen Gruppen (rechts/links, arm/reich, jung/alt usw.) werden wir bald zuschütten. Das bedeutet nicht, dass Parteien, Bewegungen und Religionen der Vergangenheit angehören werden. Das Ringen um die beste Idee und die effektivste Lösung eines Problems bleibt bestehen. Aber es wird in einem neuen Geist geschehen – ohne Feindschaft, Neid oder Missgunst.

Der Grund dafür ist leicht zu erklären: Bewusstsein (individuell und kollektiv) kann sich nur erhöhen und erweitern. Es wird niemals kleiner oder niedriger werden.

Die Menschen empfinden sich heute zunehmend als Teil einer großen Einheit. Was an einem Ort geschieht, hat Einfluss auf die gesamte Welt. Trennung ist eine Illusion.

Die Zukunft wird für uns alle großartig werden.

Konrad Pilger

P.S.: Der Einfachheit halber benutze ich in diesem Buch die männliche Schreibweise. Selbstverständlich können auch Frauen und Angehörige weiterer Geschlechter als Ausgleicher tätig sein. Wer sich darin stört, möge meinen Roman DIE AUSGLEICHERIN lesen. Die Hauptperson ist eine Frau. Ein Ausgleich kann auch auf unkonventionelle Weise erfolgen.

Inhaltsverzeichnis

1. Ausgleichen ist besser als herrschen

1.1 Die Treppe

„Alles ist ganz schrecklich." „Der Mensch ist des Menschen Wolf." „Jede Zivilisation wird eines Tages untergehen." „Der Kampf gegen das Böse wird niemals enden." „Millionen Menschen werden sterben durch Krieg, Krankheiten, Klimawandel oder … (Setzen Sie an dieser Stelle Ihre bevorzugte Apokalypse ein.)"

Solche Gedanken sind heute weit verbreitet – aber vollkommen unnötig. Alles ist wunderbar, der Mensch ist dem Menschen ein Gott, unsere Zivilisation wird noch sehr lange bestehen, und ein Kampf gegen das Böse hat niemals stattgefunden. Kriege, Krankheiten und Veränderungen des Klimas existieren zwar, sind aber kein Grund für Pessimismus. Im Grunde reicht eine einfache Metapher, um alles zu erklären. Seit Jahrtausenden entwickelt sich die Menschheit. Wir nehmen Stufe um Stufe, steigen die Treppe des Bewusstseins immer höher hinauf. Die negativen Aspekte – Krisen, Konflikte, Kriege, Krankheiten, Naturkatastrophen, denen wir scheinbar schutzlos ausgeliefert sind – gehören dabei zu den unteren Stufen. Warum sollten wir darüber jammern? Warum sollten wir sie verfluchen? Das ist unlogisch. Ohne die unteren Stufen hätten wir die oberen nicht erreichen können. Deshalb sollten wir alle Stufen der Treppe achten und ehren.

Manch Zeitgenosse wird jetzt fragen: „Soll ich etwa Adolf Hitler achten und ehren? Soll ich ihm vielleicht sogar ein Denkmal setzen?" Nein, natürlich nicht. Solche Überreaktionen sind leider typisch für unsere Epoche. Auch auf einer höheren Bewusstseinsstufe ist nicht alles erlaubt, man schaut nicht tatenlos bei Verbrechen zu und verehrt keine

Tyrannen. Es geht darum, ein vernünftiges Verhältnis zum Prozess des Lebens zu entwickeln. Die Treppe ist notwendig, um eine höhere Ebene zu erreichen. Einzelne Stufen sollten weder verdammt noch verherrlicht werden.

Mühsamer Aufstieg

Das gilt selbstverständlich auch für die Menschen, die sich auf den unterschiedlichen Stufen befinden. In früheren Epochen gab es viel Hass zwischen den Völkern und den Anhängern der konkurrierenden politischen und religiösen Lager, der oft in Gewalt umschlug. Inzwischen hat sich der Zahl der bewaffneten Konflikte deutlich reduziert – ein Zeichen dafür, dass die Menschheit kollektiv aufgestiegen ist.

Dennoch begegnen wir immer wieder Menschen, die mit sich selbst nicht im Reinen sind, die Angst oder Wut verspüren. Manche von ihnen radikalisieren sich, werden vielleicht sogar gewalttätig. Es wäre unvernünftig, ihre Wut zu erwidern und Zwangsmaßnahmen gegen sie zu verhängen. Das würde diese Menschen in ihren Überzeugungen nur bestätigen. Wir sollten ihnen lieber zu einem persönlichen Ausgleich verhelfen. Wir sollten sie dabei unterstützen, die nächste Stufe zu erreichen. Ein solcher Geist führt zwangsläufig zu mehr Frieden und Gerechtigkeit. Das ist die nächste Stufe der Demokratie.

In Zukunft gibt es keine Feinde und keine Gegner mehr, sondern nur noch Freunde und Helfer.

1.2 Pyramide und Waage

Das Internet hat die Welt verändert. Heute ist es möglich, ohne großen Aufwand mit Menschen in allen Ländern zu kommunizieren. Informationen verbreiten sich schnell und unzensiert, Freundschaften werden über kulturelle und sprachliche Grenzen hinweg geknüpft, ein neues Gefühl der globalen Solidarität ist entstanden. Von jedem Ort kann man eine Demokratie- oder Umweltschutzbewegung unterstützen, sei es durch Spenden oder durch Mobilisierung einer kritischen Öffentlichkeit. Bestehende Machtstrukturen geraten dadurch ins Wanken, allerdings haben sich bisher kaum neue Strukturen entwickelt.

Das Symbol der alten Ordnung ist die Pyramide. Früher stand ein König oder Kaiser an der Spitze des Staates, ihm untergeordnet waren die Lehnsherren und Lehnsmänner, die Unterschicht bildeten Bauern oder Leibeigene. In neuerer Zeit übernahmen Präsidenten oder Kanzler die Herrschaft, unter ihnen befinden sich Minister, darunter die Abgeordneten der Parlamente. In der Wirtschaft verhält es sich ähnlich. Ganz oben thront der Vorstandsvorsitzende, darunter stehen die einfachen Mitglieder des Vorstands, dann folgen Bereichsleiter, Abteilungsleiter, Gruppenleiter, und ganz unten bilden die Arbeiter und Angestellten den Sockel der Pyramide. Dieses System hatte lange Zeit Bestand, obwohl es viel Unrecht und Leid hervorbrachte und auch heute nur eingeschränkt funktioniert.

Ein extremes Beispiel für Machtmissbrauch in Politik und Wirtschaft ist der ehemalige US-Präsident Donald Trump. Er hatte sowohl seine Unternehmen als auch sein Land auf selbstherrliche Weise geführt und dabei großen Schaden angerichtet. Der versprochene Wirtschaftsaufschwung trat nicht ein, die Steuerreform sorgte für leere öffentliche

Kassen, die Vereinigten Staaten waren innenpolitisch gespalten, und die NATO wurde geschwächt. Nach seiner Abwahl kam es sogar zu einem Angriff auf das Kapitol, der mehrere Todesopfer forderte. So etwas passiert, wenn sich zu viel Macht in den Händen einer Person befindet.

Die Arroganz der Macht

Das hierarchische System weist zahlreiche Nachteile auf. In der amtlichen Pyramide ist der Präsident oder Vorstand weit von der Basis entfernt. Er ist oftmals schlecht informiert und hat kein Verständnis für die „niederen Klassen". Obwohl er über viel Geld und Macht verfügt, setzt er beides oft nicht sehr verantwortungsbewusst ein, etwa indem er nur Projekte unterstützt, von denen seine Anhänger bzw. er selbst und seine Geschäftspartner profitieren. Der Anführer und seine Stellvertreter können vom einfachen Bürger oder dem einfachen Arbeiter nicht erreicht werden. Bestenfalls darf er eine Beschwerde einreichen oder einen Vorschlag machen, beides versickert normalerweise irgendwo im System.

Auch in Demokratien handeln Staatsoberhäupter oft selbstgerecht und weltfremd, manchmal gleicht ihr Benehmen dem absolutistischer Herrscher aus der Vergangenheit. Parlamente werden umgangen und Kritiker ignoriert, regiert wird über Ansprachen in den Medien, die nicht selten mit Gefolgsleuten durchsetzt sind. Das erzeugt Frustration und Wut bei den Untergebenen, gelegentlich schlagen diese Gefühle in Gewalt um. Während der Corona-Pandemie gab es in Europa zahlreiche Demonstrationen gegen die Politik der Regierungen. Ein großer Teil der Kritik war berechtigt, etwa die an Schulschließungen. Leider mischten sich auch politische Extremisten unter die Teilnehmer, die die

Veranstaltungen nutzten, um den Staat und seine Organe anzugreifen. Diese Reaktionen wurden als Beweis dafür gedeutet, dass sich das „dumme und rohe" Volk zu Recht am Boden der Pyramide befindet.

Die Pyramide ist schwerfällig, teuer, ineffizient und ungerecht. Sie ist anfällig für Korruption und selbstherrliches Verhalten und erzeugt somit einen Teil der Probleme, die zu bekämpfen sie vorgibt.

Der neue Weg

Das Symbol der neuen Ordnung ist die Waage. Hier gibt es kein Oben und kein Unten, sondern nur zwei Schalen, die sich idealerweise im Gleichgewicht befinden. Manchmal entstehen Spannungen oder Streitigkeiten zwischen zwei oder mehr Einzelpersonen oder Gruppen. Um sie zu beseitigen, braucht es einen neutralen Schiedsrichter. Diese Aufgabe wird in Zukunft der Ausgleicher übernehmen. Er ist kein Teil einer Hierarchie, er steht nicht über seinen Mitbürgern, sondern befindet sich mit ihnen auf gleicher Höhe. Jeder Mensch kann sich direkt an den Ausgleicher oder seine Vertreter wenden. Amtsträger sind dazu verpflichtet, am Ausgleichsverfahren teilzunehmen, sie dürfen sich nicht von den „unteren Rängen" abkapseln.

Um schnelle und direkte Demokratie zu ermöglichen, ist ein spezieller Apparat notwendig. Er wird in den späteren Kapiteln dieses Buches vorgestellt. Hier geht es zunächst darum, einen neuen Gedanken zu etablieren. Das Prinzip des Herrschens und Führens hat ausgedient. Niemand steht mehr über dem anderen, niemand ist besser oder schlechter als ein anderer. Alle Menschen sind gleich wertvoll, jede Stimme soll gehört werden.

Pyramiden über Pyramiden

In den letzten Jahrzehnten ist ein Wust an Hierarchien entstanden. Vier Ebenen sind im vereinten Europa übereinander gestapelt. Ganz oben steht die EU-Pyramide, darunter befindet sich die nationale Pyramide, darunter die Landespyramide und darunter die kommunale Pyramide. Die Spitze der EU-Pyramide bilden der Europäische Rat und die EU-Kommission. Eine Stufe tiefer angeordnet sind der Rat der EU und das EU-Parlament. An der Spitze der EU-Kommission steht der Präsident, darunter die Vizepräsidenten und die einfachen Kommissare.

An der Spitze der nationalen Pyramide steht der Bundespräsident, darunter der Bundestagspräsident, darunter der Bundeskanzler, weiter unten folgen die Minister und die Staatssekretäre …. An der Spitze der Landespyramide stehen die Ministerpräsidenten, darunter deren Stellvertreter und die Minister … An der Spitze der kommunalen Pyramide stehen die Bürgermeister, darunter deren Vertreter … Die Liste ließe sich noch um zahllose weitere Amtsträger erweitern, wobei deren Stellung innerhalb der Hierarchie nicht immer klar ist.

Wo befindet sich der Bürger innerhalb dieses Gebildes? Ganz unten. Sein Einfluss auf die Amtsträger ist gering, ein persönlicher Kontakt ist ab der mittleren Ebene unmöglich. Die meisten Menschen haben sich mit dem System arrangiert, weil sie kein besseres kennen. Doch bald wird es zu einem gesellschaftlichen Umbruch kommen. Die Waage ersetzt die Pyramide.

Gleichwohl wird ein Ausgleicher nicht verlangen, alle bisherigen Hierarchien abzuschaffen. Insbesondere in der Wirtschaft ist es unerlässlich, dass jemand die Richtung vorgibt, in die sich ein Unternehmen bewegen soll. Eigen-

14

initiative und Erfindergeist dürfen in keiner Weise behindert werden. Doch vor allem im Bereich der Politik sind Reformen dringend nötig.

1.2.1 Religion und Politik

Neben der amtlichen Hierarchie gibt es noch eine zweite, die weit problematischer ist, weil in ihr keine festen Regeln gelten: die moralische Pyramide. Viele Menschen sind davon überzeugt, dass ihre religiöse oder politische Gesinnung die einzig wahre ist und sie deshalb über den Anhängern der anderen Gruppen stehen. Aus dieser vermeintlichen Sonderstellung leiten sie Sonderrechte ab, die sie mit allen Mitteln durchsetzen wollen. Der Umgang mit diesen Personen ist äußerst schwierig, weil sie nicht selten zu Intoleranz und Fanatismus neigen.

Auch hier sei zunächst ein extremes Beispiel genannt. Die Terrororganisation Islamischer Staat herrschte in den Jahren 2017 bis 2019 mit brutaler Härte in Teilen von Syrien und dem Irak. Dabei begingen ihre Anhänger furchtbare Taten: Massenmord, Folter, Vergewaltigungen, Sklaverei, Vertreibungen und Zerstörung von Kulturschätzen. All das begründeten sie mit ihrer einseitigen und engstirnigen Auslegung des Korans, die von der überwältigenden Mehrheit der Muslime nicht geteilt wird. Die Pyramide machte es den Fanatikern leicht, ihre negativen Gefühle auszuleben. Weil sie aufgrund ihres Irrglaubens angeblich über allen Ungläubigen standen und von ihrem Gott (der höchsten Autorität) nach dem Tod sogar noch eine Belohnung erhalten würden, war jedes Verbrechen erlaubt.

In westlichen Gesellschaften sind ähnliche Phänomene zu beobachten, wobei Religion meist durch Politik ersetzt wird. Die RAF in Deutschland, die IRA in Großbritannien und die ETA in Spanien verübten zahlreiche Bombenattentate, entführten und ermordeten politische Gegner und versetzten die Bevölkerung in Angst. Auch diese Taten wurden vom System der Pyramide begünstigt. Wer glaubt, er besäße die einzig richtige politische Überzeugung, erhebt sich über Andersdenkende und erteilt sich selbst die Genehmigung, Verbrechen zu begehen. Trotzdem sind all diese Bewegungen gescheitert.

Was erwarten die Anhänger einer bestimmten Partei oder Religion, wenn sie ihre Gegner als Wirrköpfe diffamieren und sie ihre Schriften zensieren oder verbrennen? Dass diese ihr Fehlverhalten einsehen und in Massen zur einzig gerechten Partei oder Religion überlaufen? Das wird natürlich nicht geschehen. Stattdessen halten sie giftige Reden oder zerstören die Büros und Tempel ihrer Gegner, was diese dann als Beweis für die moralische Verderbtheit der Ungläubigen werten.

Wenn die Menschheit zu dauerhaftem Frieden und Fortschritt gelangen will, ist es unbedingt nötig, den Anhängern der alten Ordnung klarzumachen, dass sie nicht besser, klüger oder heiliger als ihre Mitmenschen sind, dass sie nicht über sie hinausragen, sondern mit ihnen auf einer evolutionären Stufe stehen – einer sehr niedrigen. Diese Aufgabe sollte von jemandem übernommen werden, der über außergewöhnliche Fähigkeiten in der Konfliktlösung und der Vermittlung von Kompromissen verfügt.

Der Ausgleicher erkennt alle Kulturen, Nationen, Ethnien, religiösen und politischen Überzeugungen sowie sexuelle Orientierungen als gleichwertig an. Er bevorzugt oder benachteiligt keine von ihnen und versucht, Ungleichgewichte zu beseitigen. Lediglich radikalen Kräften widersetzt er sich.

16

1.2.2 Wer macht Karriere?

Das Jahr 2022 zeigte in aller Deutlichkeit, wie das alte System der Pyramide funktioniert. Russland überfiel die Ukraine, zahllose Männer, Frauen und Kinder wurden verletzt oder getötet, das Land verwüstet. Viele Menschen fragten sich daraufhin, wie so etwas zu Beginn des dritten Jahrtausends möglich ist. Hatte die Menschheit denn gar nichts aus der Geschichte gelernt?

Die Antwortet lautet: Wir haben schon einiges gelernt, aber es ist erst die halbe Strecke geschafft worden. In Russland besteht noch immer die inhumane Machtpyramide in ihrer reinsten Form. Das heißt: Wer oben steht, gibt die Befehle. Wer unten steht, muss sie ausführen. Das schließt Angriffskriege und Völkermorde ein.

In der EU ist so etwas nicht mehr denkbar, aber die Krise machte unsere Defizite sichtbar. Die Bundeswehr war nicht verteidigungsfähig. Obwohl jedes Jahr viele Milliarden in die deutsche Armee investiert wurden, waren ein großer Teil der Panzer, Flugzeuge und Schiffe nicht einsatzbereit. Die Verantwortung trugen die Verteidigungsminister der letzten Jahrzehnte. Von ihnen wird erwartet, die Armee auf die Herausforderungen der Zukunft einzustellen. Die Materialwirtschaft ist ein wichtiger Teil der strategischen Planung und umfasst mehr als nur simples Geldausgeben. Nötig sind eine genaue Bedarfsplanung, Verhandlungen mit Produzenten, Überwachung der Lieferungen uvm. Dafür braucht man Menschen mit einer speziellen Ausbildung. Politiker sind mit diesen Aufgaben meist überfordert.

Ihre Entourage ist dabei nicht immer hilfreich. Die Berater, Referenten und Staatssekretäre sind selbst Teil der Pyramide und verfolgen das Ziel, möglichst schnell aufzusteigen. Deshalb geben sie oft unverbindliche und gefällige

Phrasen von sich. Fundierte Kritik wird vermieden, da man einen Ranghöheren, auf dessen Förderung man angewiesen ist, damit verärgern könnte. Dieses Prinzip ist in dem Märchen Des Kaisers neue Kleider treffend beschrieben worden.

Während des Krieges in der Ukraine stand an der Spitze des Verteidigungsministeriums eine besonders unfähige Person: Christine Lambrecht. Sie fiel auf durch Inkompetenz, Untätigkeit und Lustlosigkeit. Notwendige Strukturreformen der Bundeswehr kamen unter ihrer Führung nicht zustande, Waffenlieferungen an die Ukraine, die vom Bundestag beschlossen waren, führte sie nur mit erheblichen Verzögerungen durch, Nachbestellungen von Waffen und Munition erfolgten nicht. Stattdessen unternahm Lambrecht einen „dienstlichen" Hubschrauberflug zur Insel Sylt, bei dem sie von ihrem Sohn begleitet wurde, und sie produzierte ein peinliches Silvestervideo, das ihr scharfe Kritik einbrachte.

Der Fisch stinkt vom Kopf

Die SPD-Politikerin hätte das Amt niemals bekommen dürfen, weil sie bereits zuvor als Justizministerin ihre mangelnden Talente bewiesen hat. Wie konnte eine solche Person auch noch Verteidigungsministerin werden? Der Fehler lag im System begründet.

Politische Parteien sind meist in Form einer Pyramide organisiert. Die Basis bilden die Kreisverbände, darüber stehen die Bezirksverbände, darüber die Landesverbände, und ganz oben residiert das Präsidium der Partei. Wer eine politische Karriere machen will, muss in der Regel die gesamte Struktur von unten nach oben durchlaufen. Dafür sind besondere Fähigkeiten nötig. Man muss das System durchschauen, man muss sich ihm anpassen, überzeugende Reden halten, Wahlkämpfe führen, Geld für Kampagnen beschaffen, Mehrheiten organisieren, sich loyal zur Führung verhalten, „nach oben buckeln und nach unten treten", Seilschaften bilden, Ellbogen einsetzen, Intrigen spinnen, andere behindern, um selbst an die Spitze zu gelangen. Oder zusammengefasst: Die Pyramide erzeugt egoistische Bürokraten.

Solche Leute verstehen nichts von Einkaufsmanagement – und auch nicht allzu viel von Kunst, Kultur, Wissenschaft, Medizin und allen anderen wichtigen Fachgebieten. Das System hat sie nach oben gespült. Ein feinsinniger, analytisch denkender Mensch kann in der Pyramide keine Karriere machen, weil er hauptsächlich sein Gehirn statt seiner Ellbogen benutzt. Damit ist keinerlei Wertung verbunden, beide Körperteile sind nötig zum Überleben. Aber diese Metapher beschreibt einen der größten Schwachpunkte der Demokratie der Stufe eins.

Ein Schuss „Küchenpsychologie"

Der Philosoph Friedrich Nietzsche hat vom Willen zur Macht gesprochen. Den Begriff „Macht" fasste er (Anmerkung von Konrad Pilger: nach meinem Verständnis) als Gegenpol zur Ohnmacht auf. Damit meinte Nietzsche, dass der entwickelte Mensch (Übermensch) keine Schachfigur ist, die von den Kräften des Schicksals umhergeschoben wird, sondern dass er selbst aktiver Gestalter seines Lebens ist – wovon letztlich auch dieses Buch handelt.

Leider wurde dieser Gedanke häufig missverstanden. Primitive Menschen benutzen ihre Machtposition, um sich über andere zu erheben, um sie zu beherrschen, zu manipulieren und auszubeuten. Der Psychologe Alfred Adler deutete den Willen zur Macht als übersteigerten Ausgleich von Minderwertigkeitsgefühlen – was sicher nicht falsch ist, wenn man das Verhalten von mächtigen Personen der Vergangenheit analysiert. Das Anhäufen von Reichtümern und Titeln, die Abgrenzung vom „einfachen Volk", die eigenen Vorstellungen als allgemein gültigen Maßstab nehmen, Überheblichkeit und Sendungsbewusstsein zeugen nicht gerade von einem ausgeglichenen Charakter.

Neues Paradigma

Der Posten des Ausgleichers zieht einen anderen Menschenschlag an. Ein machtgieriger Mensch würde sich dafür nicht interessieren, weil der Ausgleicher keine Macht besitzt. Er entscheidet nicht, sondern überlässt anderen die Entscheidung, er herrscht nicht von oben herab, sondern vermittelt auf gleicher Höhe zwischen gleichwertigen Partnern. Das Gegenteil von Macht ist nicht Machtlosigkeit, sondern Gleichgewicht.

Auch ein Ausgleicher strebt danach, ein Übermensch zu werden. Damit sind aber weder übernatürliche Fähigkeiten (wie Superman) noch eine rassische oder mentale Überlegenheit gemeint. Der Ausgleicher erhebt sich über sich selbst, er versucht, eine höhere Stufe menschlichen Bewusstseins zu erreichen. Er bekämpft seine Schwächen nicht, sondern löst sie auf; er verurteilt seine Vergangenheit nicht, weil er weiß, dass alle Elemente notwendig waren und sind, um auf der Leiter emporzusteigen. Der Ausgleicher kennt Angst, Wut und Hass aus eigener Erfahrung. Er ist sich über die Macht der Gefühle bewusst, er verdrängt sie nicht, sondern lässt nur das zu, was ihm in der jeweiligen Situation von Nutzen ist.

Unreife Menschen neigen dazu, sich ins Drama zu begeben. Sie teilen die Menschheit in Gut und Böse, Opfer und Täter. Selbstverständlich betrachten sie sich selbst als die guten Opfer, während andere Erdenbürger die bösen Täter sind. Auch kleine Begebenheiten des Alltags, wie den Streit um einen Parkplatz, dehnen sie unendlich aus. Am liebsten würden sie einen Gerichtsprozess darum führen und den Mitbewerber um den freien Platz ins Gefängnis bringen. Auch die Geschichte ist für sie ein willkommener Anlass, um unreflektiert ihre Gefühle auszubreiten. Sie zerhacken den Strom der Ereignisse, wollen nur einen Bruchteil davon wahrnehmen, wählen für sich selbst eine Rolle (bevorzugt die des heldenhaften Befreiers) und durchleben all das, was ihrer Ansicht nach in vergangenen Zeitaltern geschehen ist. Ein reifer Mensch hingegen sieht über das Drama hinweg, in dem sich ein unreifer Charakter suhlen würde. Er kennt es, er versteht es, aber er braucht es nicht mehr.

Weil der Ausgleicher bereits viel erfahren hat in seinem Leben und er eine besondere Sensibilität besitzt, kann er sich in die Menschen hineinversetzen, die um ein Ausgleichsverfahren bitten. Er wird niemanden anklagen und kein Urteil sprechen, sondern die Verhältnisse ins Gleichgewicht bringen. Er wird seinen Mitbürgern nicht die eigenen Werte und Normen aufzwingen, sondern ihre Ideen und Vorschläge in den Prozess aufnehmen und nach Möglichkeit umsetzen. Dafür wird er weder viel Zeit noch Geld verlangen, er braucht keinen großen Verwaltungsapparat, keinen Dienstwagen und keinen imposanten Titel. Der Ausgleicher macht einfach nur seine Arbeit – schnell, wirksam und nachvollziehbar.

Die Pyramide fördert Menschen mit sozial-negativen Eigenschaften:
1. Menschen mit Machtwillen.
2. Bürokraten, die sich perfekt an das System anpassen.

Die Waage fördert mit Menschen mit sozial-positiven Eigenschaften:
1. Menschen mit Gerechtigkeitswillen.
2. Pragmatiker, die Probleme lösen.

1.3 Egoismus und Gemeinschaftssinn

Politik wird heute oft als Kampfplatz begriffen, was man nicht zuletzt auch an der militärischen Rhetorik ablesen kann. Parteien stehen einander feindlich gegenüber, man sucht sich Verbündete, greift den Gegner an, führt Redeschlachten, setzt sich durch in Kampfabstimmungen, um letztlich den Gegner zu besiegen oder selbst eine Niederlage zu erleiden. Innerhalb der Pyramide steigt derjenige empor, der die härtesten Ellbogen hat, der eine Seilschaft mit Gleichgesinnten bildet, der Gegner beseitigt und deren Posten übernimmt. Manch einer wird nun sagen: „Das ist gesunder Wettbewerb. Es muss Gewinner und Verlierer geben. Das Leben ist ein Kampf."

Diese Betrachtungsweise ist nicht gänzlich falsch, schließlich ist auch in der Natur ein täglicher Kampf ums Überleben zu beobachten. Das Problem ist nur: Dadurch wird ein Verhaltensmuster eingeübt, das auf allen Ebenen angewandt wird und zu unnötigen Verlusten führt. Wenn man Debatten analysiert, fällt auf, dass manche Politiker mehr über den Gegner und dessen Ideen reden als über ihre eigenen Konzepte. Persönliche Angriffe sind nicht selten, man benutzt abwertende Begriffe, zerpflückt gegnerische

Anträge, plustert sich auf, versucht, einen starken Auftritt in den Medien hinzulegen. Dem Politkämpfer geht es darum, die Interessen seiner Verbündeten zu befriedigen und Dogmen durchzusetzen, vor allem liegt ihm das eigene Wohl am Herzen.

Der Gegner reagiert in ähnlicher Weise, er schießt zurück, sucht Schwachstellen im Konzept der anderen Partei, behauptet, die Zahlen seien schöngerechnet und die Finanzierung nicht gesichert, er macht auf Fehler in der Vergangenheit aufmerksam und beschwört ein Horrorszenario, das in der Zukunft droht, wenn sich diese Politik durchsetzen sollte. Währenddessen tickt die Uhr. Zeit, Geld und Energie werden verschwendet, manchmal dauern diese Hahnenkämpfe Jahre oder gar Jahrzehnte an. Probleme werden nicht gelöst, sondern nur verschoben, oft sogar an die Nachfolger weitergegeben.

Zur Verdeutlichung ein Beispiel aus dem Motorsport. (Wer Autos mit Verbrennungsmotoren nicht mag, darf sich gerne auch Elektrowagen vorstellen, die mit Ökostrom angetrieben werden.) Wenn in einem Rennen zwei Fahrer miteinander kämpfen, verlieren sie Zeit. Der Vordere fährt die sogenannte Kampflinie. Das heißt, er macht sich breit, pendelt von rechts nach links, versucht, dem Hintermann keine Chance zum Überholen zu geben. Der Hintere macht diese Pendelbewegungen mit. Er muss immer wieder Gas geben und abbremsen, weil er eine Lücke zum Überholen sucht, dabei verschleißen seine Bremsen und seine Reifen. Im Endeffekt verlieren beide. Die anderen Rennfahrer können zu ihnen aufschließen, beziehungsweise sie fahren ihnen davon, wenn sie vor ihnen liegen. Das ist destruktiver Wettbewerb.

Demgegenüber steht der konstruktive Wettbewerb. Wenn die Rennteams jede neue Erkenntnis und jeden Fortschritt (etwa auf dem Gebiet der Aerodynamik oder der Materialkunde) sofort mit den Wettbewerbern teilen würden, würde das gesamte Feld schnellere Rundenzeiten erzielen. Natürlich tun sie es nicht, weil jedes Team die Meisterschaft gewinnen möchte.

Trotzdem können wir etwas aus diesem Beispiel lernen. Heute arbeiten wir daran, unsere Wirtschaft auf Klimaneutralität umzustellen. Die Zeit drängt, die Umweltschäden, die durch die herkömmliche Wirtschaft entstehen, sind beträchtlich. Viele Unternehmen suchen nach Wegen, um Energie umweltfreundlich zu erzeugen, zu speichern und zu verteilen. Wenn sie jede neue Erkenntnis sofort veröffentlichen würden, ohne Patentschutz, ohne Geheimniskrämerei, könnte der Umstellungsprozess viel schneller vollzogen werden. Man kann jetzt einwenden, dass Unternehmen, die viel Geld in Forschung investieren und ihre Ergebnisse der Konkurrenz zur Verfügung stellen, bald Pleite gehen würden. Das ist falsch, denn sie profitieren ebenfalls von der Forschung der anderen Unternehmen, die ihrerseits ihre neuen Erkenntnisse mit der Allgemeinheit teilen. Parallelentwicklungen werden vermieden. Dadurch können alle Anbieter ihre Produkte schnell und billig modernisieren und neue Produkte auf den Markt bringen. Das Tempo der Entwicklung wird sich enorm beschleunigen. Von einer gesünderen Umwelt profitieren alle Menschen. So funktioniert Wettbewerb in einer hoch entwickelten Gesellschaft.

Die eigene Idee wird nicht besser dadurch, dass man die Idee eines anderen Menschen herabsetzt. Der direkte Vergleich zeigt, welches Konzept zur Lösung eines Problems führt. Wenn alle gemeinsam arbeiten und ihr Wissen teilen, wird das Ziel schnell und effektiv erreicht.

1.3.1 Der Sieger bekommt alles

Im alten, primitiven System werden Wahlen als kriegerische Auseinandersetzung betrachtet – nicht umsonst spricht man auch vom Wahlkampf. Nach Auszählung der Stimmen wird eine Partei zum Sieger gekürt, alle anderen sind die Verlierer. Damit wird eine moralische Pyramide errichtet, in der die einen über den anderen stehen. Millionen Menschen, die für die unterlegenen Parteien gestimmt haben, fühlen sich ebenso als Verlierer, als diejenigen, die unten in der Pyramide stehen. Ein denkbar schlechter Start in die neue Legislaturperiode. Der neue Regierungschef wird sich vor allem um seine Stammwähler kümmern, z. B. Beamte oder ältere Menschen, die in den meisten Parlamenten besonders stark vertreten sind. Die Interessen der Arbeiter, Angestellten und der jüngeren Menschen werden weniger berücksichtigt, was bei diesen Gruppen zu Frustration führt. Die politische Mehrheit, die meist nicht die gesellschaftliche Zusammensetzung spiegelt, beherrscht die Minderheit im Parlament. Der Schutz von gesellschaftlichen Minderheiten (Nationalitäten, Ethnien, religiöse Überzeugung, sexuelle Orientierung) steht oft nur auf dem Papier.

Wie bei jedem Krieg bekommt der Sieger die Beute. In diesem Fall wird dem Wahlsieger die Regierungsgewalt zugesprochen, und damit erhält er auch alle wichtigen Posten im Staat. Nicht nur die Minister und Staatssekretäre gehören der Siegerpartei an, auch in den tieferen Ebenen werden meist zahlreiche Behördenleiter, Abteilungsleiter, Sprecher usw. ausgewechselt. Das gilt für alle relevanten Institutionen des Landes. Die Sieger versuchen, in den höchsten Gerichten, in den öffentlich-rechtlichen Sendern und in den Staatsbetrieben ihre eigenen Leute unterzubringen.

Leider sind diejenigen mit dem „richtigen" Parteibuch nicht immer diejenigen mit der richtigen Ausbildung und der richtigen Begabung. Oft werden unfähige Männer und Frauen an die Schalthebel der Macht gesetzt. Die Konsequenzen sind fatal. In Ministerien und Ämtern werden falsche Entscheidungen getroffen, gewaltige Summen an Steuergeldern verschwendet und wichtige Projekte verschleppt, während die unteren Ebenen in einer Flut an Vorschriften ertrinken. Die öffentlich-rechtlichen Medien berichten einseitig, Diskussionssendungen besetzen sie überwiegend mit Gästen mit den „richtigen" Ansichten, wodurch Unzufriedenheit bei den Zuschauern entsteht. Bahngesellschaften oder Flughäfen werden von unfähigen Managern geleitet, was zu immensen Verlusten und Verzögerungen führt.

Der Bau des Berliner Flughafens BER zeigte deutlich, woran es in modernen Demokratien krankt. Die SPD-Politiker Klaus Wowereit und Matthias Platzeck waren Chefs der Landesregierungen von Berlin und Brandenburg, die Gesellschafter der Flughafen GmbH sind, und ließen sich nacheinander zum Vorsitzenden des Aufsichtsrates ernennen, obwohl beide keinerlei Qualifikation für den Posten besaßen. Später erhielten zahlreiche SPD-Mitglieder ebenfalls wichtige Jobs beim selben Arbeitgeber, sodass sich neutrale Beobachter über die Häufung dieser Zufälle wunderten. Durch Fehlplanungen ist ein Milliardenschaden entstanden, den der Steuerzahler tragen muss, außerdem hat durch jahrelange Verzögerungen das Vertrauen in den Staat erheblich gelitten. Wowereit, Platzeck und ihre Parteigenossen haben das Geld und den Ruhm genommen, ihre Leistungen waren – höflich ausgedrückt – äußerst bescheiden. Die Liste ließe sich noch mit vielen weiteren Beispielen fortsetzen.

Was tun die unterlegenen Parteien in der Zwischenzeit? Werden sie sagen, es war richtig, dass wir verloren haben, denn wir sind schlecht und die anderen gut? Natürlich nicht. Die Verlierer glauben selbst an die Pyramide. Sie sind überzeugt, dass sie eigentlich an die Spitze gehören und ihre Feinde den Bodensatz bilden sollten. Deshalb werden sie den Kampf wieder aufnehmen, sie werden ihre Kräfte sammeln, neue Angriffe planen und durchführen. Sie suchen Fehler in der Politik des Gegners, sie kritisieren und diffamieren, sie blockieren Gesetzesvorhaben, sie verhindern die Freigabe von Geldern, sie verhindern, dass Angehörige der gegnerischen Partei in Ämter eingeführt werden und vieles mehr. Damit verschwenden sie wie bereits in der vorherigen Legislaturperiode Zeit, Geld und Energie. Anstatt Frieden zu schaffen und Dinge zu verbessern, erzeugen sie Streit und Stillstand.

All das ist das Resultat des Kampfes gegen sich selbst. Wenn ein Teil der Gesellschaft gegen einen anderen kämpft, werden letztlich alle verlieren. Das kennzeichnet eine Zivilisation, die sich in einem frühen Stadium befindet.

1.3.2 Frühling der Demokratie

In der Demokratie der zweiten Stufe werden Wahlen nicht als Kampf betrachtet, sondern als Erneuerungsprozess. Wenn ein Baum im Herbst seine Blätter abwirft und im Frühling neue Triebe bildet, führt er auch nicht einen Kampf gegen sich selbst. Stattdessen verjüngt und verstärkt er sich. Ergebnis der Wahl ist nicht, dass die Menschen in Sieger und Besiegte, in Herrscher und Untergebene geteilt werden. Die Stimmabgabe ist ein Ausgleichsprozess im Vergleich zur vorherigen Wahl. Waren in den letzten Jahren vielleicht Umweltschutz und Einwanderung besonders wichtig, steht inzwischen möglicherweise der Schutz der Bevölkerung vor gesundheitlichen Gefahren im Vordergrund. Die Interessen der Parteien und der Politiker sind nachrangig.

Nach einer Wahl gibt es deshalb keine Gewinner und Verlierer, sondern nur Parteien und unabhängige Kandidaten mit einem mehr oder weniger großen Stimmanteil. Kein Wähler fühlt sich als Verlierer, jeder weiß, dass auch seine Interessen berücksichtigt werden. Die Zahl der Abgeordneten, die eine Partei ins Parlament bringt, sagt nichts über deren Qualität aus. Rot ist nicht besser als Grün oder Schwarz, Groß ist nicht besser Klein, Eckig ist nicht besser als Rund – es ist einfach nur anders. Begriffe wie Gut oder Schlecht setzt man nur in Bezug zu dem Ziel, das erreicht werden soll. Wenn man etwa den Schuldenstand reduzieren möchte, gibt es lediglich Maßnahmen, die mehr oder weniger zielführend sind, aber keine schlechten, bösen, linken, rechten oder populistischen Ideen.

In einer entwickelten Gesellschaft finden keine getrennten Wahlpartys statt. Weil die Erneuerung der Demokratie ein Grund zur Freude ist, feiern alle gemeinsam ein großes Fest. Man gratuliert denjenigen, die neu ins Parlament einziehen, und bedankt sich bei denen, die es verlassen. Auch hier gilt der Grundsatz: Wenn alle zusammenhalten, gibt es keine Verlierer.

Das Parlament ist demzufolge auch kein Kampfplatz, sondern ein gemeinsamer Arbeitsort, der nicht in einen guten oder schlechten, einen linken oder rechten Teil gespalten ist. Die Abgeordneten sehen die Mitglieder der anderen Parteien nicht als Gegner oder Feinde an. Stattdessen sind sie Mitbewerber oder Mitarbeiter, die alle auf das gleiche Ziel hinwirken: der Verbesserung der Lebensbedingungen der Bevölkerung und den Schutz der Umwelt und aller Mitgeschöpfe. Ihr produktiver Wettbewerb führt zu bestmöglichen Resultaten, die schnell und effektiv umgesetzt werden.

Die einflussreichsten Posten in Ministerien, Ämtern, Staatsbetrieben und öffentlich-rechtlichen Sendern werden deshalb nicht mit Parteifreunden besetzt, sondern mit den am besten geeigneten Personen. In der Folge gibt es weniger Verschwendung von Steuergeld, wichtige Maßnahmen werden zügig erledigt, öffentliche Diskussionen werden ehrlich geführt. Davon profitiert letztlich die gesamte Gesellschaft.

1.3.3 Das Hinterzimmer

Zu den größten Unsitten, die in demokratischen Gesellschaften herrschen, gehört die Hinterzimmerpolitik. Hierbei treffen sich die Führer der politischen Parteien (auch von großen Unternehmen, Behörden, Verbänden usw.) hinter verschlossenen Türen, um dort über wichtige Themen zu beraten und Beschlüsse zu fassen. Die Bevölkerung erfährt in der Regel keine Einzelheiten, sondern wird vor vollendete Tatsachen gestellt. Dieses Verfahren schließt die wahlberechtigten Bürger aus, es ist willkürlich und undurchschaubar – und damit zutiefst undemokratisch.

Beispiel: Seit September 2019 ist Ursula von der Leyen Präsidentin der Europäischen Kommission. Sie erhielt eines der wichtigsten Ämter Europas, obwohl sie bei der Wahl zum EU-Parlament gar nicht angetreten war. De facto wurde sie nur von zwei Personen ausgewählt: der deutschen Bundeskanzlerin Angela Merkel und dem französischen Staatspräsidenten Emmanuel Macron. 400 Millionen EU-Bürger durften zwar die Abgeordneten des Parlaments wählen, doch das hat nicht viel zu entscheiden. Wahrscheinlich erhielt sie den Zuschlag aufgrund des Machtproporzes zwischen Deutschland und Frankreich, den beiden größten Nationen der EU, und weil noch nie eine Frau diesen Posten innehatte. Die persönliche Qualifikation spielte dabei keine Rolle.

Das erzeugte Unmut in der Bevölkerung. Bestätigt wurde die Skepsis gegenüber Ursula von der Leyen durch ihr unglückliches Agieren in der Corona-Krise und im Konflikt um die Ukraine. Die tiefere Ursache liegt in der Konzeption unseres politischen Systems: Die Pyramide besitzt auf jeder Ebene mindestens ein Hinterzimmer. Wer das Gebäude von außen betrachtet, sieht nur glatte Flächen. Man erkennt nicht, was in den Hinterzimmern geschieht, wer sich dort trifft, was dort beraten und beschlossen wird. Solche Pyramiden sollten eigentlich nur in totalitären Staaten wie Nordkorea stehen, nicht aber im Zentrum der Europäischen Union.

Ein Ausgleicher würde sich weigern, bei diesem abgekarteten Spiel mitzumachen. Stattdessen würde er den Bewerbungsprozess öffentlich zelebrieren. Jeder geeignete Kandidat wird mit seinen Stärken und Schwächen ausführlich vorgestellt. Herkunft, Geschlecht, Hautfarbe oder Parteizugehörigkeit sind unwichtig. Die Bürger werden am Prozess beteiligt, etwa dadurch, dass sie Fragen stellen oder Einwände erheben dürfen. Am Ende entscheidet das EU-Parlament oder die Bevölkerung. Vielleicht wird ein Mann aus Bulgarien, der die Verwaltung in seinem Heimatland reformiert hat, oder eine Frau aus Italien, die Erfolge in der Bekämpfung der Mafia vorzuweisen hat, in diese bedeutende Position gewählt. Fähigkeiten und Fachwissen sind ausschlaggebend, nicht „gute Beziehungen" und die Erfüllung irgendeiner Quote.

1.3.4 Die Schönheit des Systems

Die Pyramide als geometrische Figur besitzt eine ästhetische Qualität. Ihre Flächen sind eben, die Linien streben auf einen Punkt zu. Die meisten Menschen würden diese Form vermutlich als schön oder zumindest als eindrucksvoll bezeichnen. Als Gebäude und Kunstwerk messen wir ihr eine besondere Bedeutung zu. In vielen alten Kulturen wurden Verstorbene in pyramidenförmigen Bauwerken bestattet.

Im politischen und philosophischen Sinn ist die Pyramide jedoch hässlich, weil sie Ungleichheit und Unrecht verkörpert. Oben an der Spitze ist nur für wenige Menschen Platz, die Masse der Bevölkerung befindet sich in den unteren Stockwerken. Es gibt eine Abstufung zwischen mächtigen und weniger mächtigen, guten und weniger guten Menschen. Zahlreiche Hinterzimmer verlocken zu geheimen Absprachen. Der Aufstieg in die höchsten Ebenen gelingt nur denjenigen, die sich an das System anpassen können oder wollen. Zugleich ist es aufgrund seiner Komplexität und der schweren Durchschaubarkeit anfällig für Machtmissbrauch und Bestechlichkeit. Außerdem verschlingt die Hierarchie der vielen Stufen enorme Mengen an Energie und Rohstoffen, an Zeit und Geld. Die Pyramide wird mit sich selbst niemals ins Gleichgewicht kommen, weil der untere Teil mehr Masse besitzt als der obere, trotzdem aber von diesem erdrückt wird.

Explosion der Kreativität

Die Waage scheint auf den ersten Blick hässlich zu sein. Sie besteht aus mehr Teilen, ist optisch zerklüftet und verlangt nach jemandem, der sie bedient. Aber sie besitzt auch unbestreitbare Vorteile. Die Waage ist ehrlich und gerecht. Jeder erkennt, wenn etwas nicht im Lot ist. Man benötigt keine Lupe und kein Fernglas, um das Problem zu erfassen. Vor den Waagschalen sind alle gleich. Niemand verfügt aufgrund seines Amtes oder seines Titels über mehr Gewicht als ein anderer. Eine heimliche Manipulation des Systems ist nicht möglich.

Die Waage zu bedienen erfordert nur ein wenig Feingefühl. Man braucht dafür keine jahrelange Ausbildung oder die Unterstützung einer riesigen Schattenarmee. Jeder kann diese Aufgabe übernehmen. Der Umgang mit den Gewichten ist leicht zu erlernen. Das Ergebnis besitzt eine eigene Form der Ästhetik. Der Gleichstand der Schalen ist nicht nur schön anzusehen, er strahlt auch in die Umwelt ab. Eine Gemeinschaft, in der ein Gleichgewicht herrscht, ist friedlich – nach innen und nach außen. Es gibt nur wenig Anlass zur Unzufriedenheit, deshalb entstehen auch nur wenige Konflikte. Polizei, Justiz und Militär werden auf der nächsten Bewusstseinsstufe nicht mehr nötig sein. Die menschliche Energie, die bislang für sinnlose Streitereien und Verteilungskämpfe verschwendet wurde, fließt in völlig neue Entwicklungen in Wissenschaft, Technik und Kunst, die wir uns heute noch gar nicht vorstellen können.

Das ist echter Fortschritt, auf den wir uns freuen sollten. Je mehr von uns an dieser Vision mitarbeiten, desto eher werden wir sie realisieren.

1.4 Ausgleicher verbessern das Gemeinwesen

In unserer primitiven Gesellschaft herrscht das Ideal des unbegrenzten Wachstums. Die Wirtschaft soll jedes Jahr wachsen, das Bruttosozialprodukt soll ansteigen und das Volksvermögen an Wert gewinnen. Unternehmen wollen wachsen und eine markbeherrschende Stellung erreichen, Manager wollen möglichst viel Geld verdienen. Das Problem hierbei ist: Ressourcen sind begrenzt. Land, Wasser und Rohstoffe lassen sich nicht unendlich vermehren.

In der Politik ist es nicht anders: Parteien wollen möglichst viele Stimmen erhalten, Politiker wollen ein Höchstmaß an Macht ausüben, viele Ämter besetzen, alle Privilegien genießen und so oft wie möglich in den Medien erscheinen. In einigen Ländern gilt unbegrenztes Bevölkerungswachstum als Mittel zum Machtgewinn. Dadurch ist ein großes Ungleichgewicht entstanden, das unzählige Menschen zur Flucht aus ihrer Heimat treibt, während andere ihr Heil im Extremismus suchen. Einige Menschen besitzen Milliarden Dollar, andere müssen mit zwei Dollar am Tag überleben. Einige Menschen wohnen in Palästen, andere haben Angst vor Obdachlosigkeit. Einige besitzen viel politische Macht, andere dürfen nichts entscheiden. Einige Generationen verschwenden und zerstören das natürliche Erbe der Menschheit (Rohstoffe, saubere Umwelt, Artenvielfalt), die nachfolgenden müssen mit den Konsequenzen leben.

Auch die Demokratie, die sich als bisher beste Regierungsform erwiesen hat, führte nicht zu zufriedenstellenden Ergebnissen. Dabei ist die Lösung der Probleme denkbar einfach. Wir sollten die Philosophie des unbegrenzten Wachstums durch eine Philosophie des gerechten Ausgleichs ersetzen. Wachstumskritik ist keineswegs neu, es fehlte bislang nur an effektiven Methoden, um die Entwicklung in die gewünschte Richtung zu lenken. Warum nicht jemanden beauftragen, der sich darum kümmert? Freiheit und Gerechtigkeit gehören zu den Grundwerten unserer Gesellschaft. Warum fügen wir nicht Ausgeglichenheit hinzu?

Damit ist ausdrücklich kein Sozialismus oder Kommunismus gemeint. Es soll nicht jeder den gleichen Betrag im Monat verdienen, im gleichen Wohnungstyp wohnen und die gleiche Menge an Energie verbrauchen dürfen. Aber die Unterschiede sollten nicht zu groß werden. Wenn auf der einen Seite Überfluss herrscht und auf der anderen Mangel, sollte jemand für den Ausgleich sorgen. Wenn Unrecht herrscht und einzelne Kräfte zu viel Macht besitzen, sollte jemand die Kräfte ausgleichen – eben ein Ausgleicher.

1.4.1 Aufgaben und Eigenschaften des Ausgleichers:

1. Ganzheitlich handeln

Der Ausgleicher soll unabhängig und gerecht im Sinne des großen Ganzen handeln. Er wahrt die Interessen aller Menschen, sowohl die der heute lebenden als auch die der kommenden Generationen, und ist dem Wohl aller Tiere, Pflanzen und Lebensräume verpflichtet. Berücksichtigt werden alle Folgen einer Entscheidung, nicht nur die unmittelbaren, sondern auch jene, die sich erst nach langen Zeiträumen oder an weit entfernten Orten auswirken.

2. Neutralität wahren

Ein Ausgleicher darf während seiner Amtszeit Mitglied keiner politischen Partei, keines Verbandes und keiner sonstigen Interessenvertretung sein. Der letzte Tag der Zugehörigkeit zu einer derartigen Organisation muss gerechnet von seinem Amtsbeginn mindestens fünf Jahre zurückliegen. Er darf zuvor nicht bei einem Großunternehmen gearbeitet haben und nach seiner Tätigkeit als Ausgleicher nicht dorthin wechseln. Spenden von den zuvor genannten Institutionen darf er weder zu seiner Amtszeit noch später annehmen. Bei seinen Entscheidungen bevorzugt oder benachteiligt der Ausgleicher keine Gruppe und keine Person.

Der Ausgleicher nimmt sich selbst zurück. Wie jeder Mensch hat er eigene Werte und Normen und einen eigenen Geschmack, er lässt sich davon aber nicht beeinflussen. Er drängt den Teilnehmern am Ausgleichsprozess nicht seine persönlichen Ansichten auf.

3. Kompromisse aushandeln
Der Ausgleicher qualifiziert sich aufgrund seiner Fähigkeit, zwischen verschiedenen Interessengruppen Kompromisse zu schließen. Er nimmt alle Argumente auf und bewertet sie objektiv. In Streitfragen vermittelt er zwischen den Parteien, um ein möglichst einvernehmliches Ergebnis zu erzielen.

4. Aufsicht führen
Der Ausgleicher lenkt Entscheidungs- und Entwicklungsprozesse. Er achtet darauf, dass alle Teilnehmer respektvoll und wohlwollend miteinander umgehen. Der Ausgleicher sorgt für einen konstruktiven Wettbewerb, bei dem für alle die gleichen Bedingungen gelten. Er spaltet nicht auf in die Anhänger der einen und der anderen Idee, in Mehrheit und Minderheit, in Gewinner und Verlierer, sondern vereint die Akteure durch eine gemeinsame Zielsetzung.

5. Informationen verbreiten
Der Ausgleicher verpflichtet sich zu Offenheit und Transparenz. Alle Informationen müssen allen Bürgern zugäng-

lich sein. Eine Hinterzimmerpolitik mit geheimen Absprachen darf es bei ihm nicht geben. Alle Schritte in einem Entscheidungsprozess müssen nachvollziehbar sein. Sollten von einigen Akteuren falsche Informationen verbreitet werden, klärt er die Öffentlichkeit darüber auf.

6. Ungleichheit verringern

Der Ausgleicher strebt ein möglichst hohes Maß an sozialer Gerechtigkeit an. Große Vermögen und hohe Einkommen sollen angemessen besteuert werden. Alle Bürger sollen über bezahlbaren Wohnraum verfügen und die beste medizinische Versorgung erhalten.

Vorteile gegenüber dem bisherigen System:

1. Machtkartelle werden zerschlagen.

Der Ausgleicher ist Mitglied keiner Partei. Deshalb hat er keine Parteifreunde, die er in Institutionen wie z. B. der EU-Kommission oder einer Flughafengesellschaft unterbringen kann. Man ist sich gegenseitig keine Gefallen schuldig, bei der Verteilung von Posten müssen keine Quoten von Mitgliedern einer bestimmten Partei eingehalten werden. Jeder Job wird von dem erledigt, der ihn am besten beherrscht.

Der Ausgleicher hat keine Verbindungen zu parteinahen Stiftungen, die hohe Beträge aus Steuermitteln erhalten, ohne dass eine demokratische Kontrolle stattfindet. Er darf nach Beendigung seiner Tätigkeit nicht zu einer solchen Stiftung wechseln.

Der Ausgleicher ist nicht Teil einer Pyramide. Er muss niemandem ergeben sein, um im System aufzusteigen.

Entscheidungen werden nicht in abgeschotteten Kleingruppen getroffen, sondern in öffentlichen Prozessen.

2. Vorteilsnahme wird vermieden.

Bei diesem System gibt es keinen Drehtüreffekt. Ein Ausgleicher darf nicht Finanzminister sein und sich nach seiner politischen Karriere von einer Bank anstellen lassen, um dort sein Fachwissen zu verkaufen. Ebenso darf er nicht von einer Bank kommen und als Finanzminister die Interessen seines ehemaligen Arbeitsgebers vertreten.

3. Ämterhäufung ist ausgeschlossen.

Ein Ausgleicher darf nicht über die Zulassung von Produkten entscheiden und gleichzeitig mit einem Unternehmen verbunden sein, das derartige Produkte verkauft. Das ist so selbstverständlich, dass man eigentlich kein Wort darüber verlieren müsste.

4. Gegenseitige Abhängigkeiten entstehen nicht.

Der Ausgleicher hält Distanz zu Großunternehmen, weil er selbst keine Spenden annehmen darf und er auch kein Mitglied einer Partei ist, die sich zu einem beträchtlichen Teil durch Spenden finanziert.

Ausgleicher sind die wahren Demokraten, weil sie souverän nach ethischen Maßstäben entscheiden. Durch die Gestaltung ihres Amtes sind Machtkonzentration, Abhängigkeit und persönliche Bereicherung unmöglich.

1.4.2 Ausgleicher als Teil der parlamentarischen Demokratie

Variante A: Der Ausgleicher ist **Chef einer Regierung**. Er wird direkt vom Volk gewählt und bildet ein Kabinett mit Politikern oder Experten. Minister wird derjenige, der am besten für den Posten geeignet ist. Zugehörigkeit zu einer Partei (im Parlament oder außerhalb) ist möglich, aber keine Voraussetzung. Fachwissen ist erwünscht. Allerdings muss sichergestellt sein, dass die Experten nicht verstrickt sind in Klüngel aus Wirtschaft oder Wissenschaft.

Der Ausgleicher ist nicht den Wünschen einer Partei oder einer Lobbygruppe verpflichtet, sondern allen Bürgern eines Landes, weil er von Angehörigen aller politischen Lager, Altersgruppen und sozialen Gemeinschaften gewählt wird. Bei dieser Wahl entscheiden die Bürger allein auf Grundlage der persönlichen Leistungen eines Kandidaten und der Ziele, die er formuliert, nicht aufgrund der Zugehörigkeit zu einer Partei oder einer politischen Strömung.

In diesem Modell gibt es keine alleinige Regierungspartei. Die Trennung in Wahlsieger und Wahlverlierer entfällt ebenso wie die moralische Pyramide. Das Parlament bildet die Opposition zur Regierung, allerdings wird dieser Begriff anders aufgefasst als bisher. Das Parlament kontrolliert und unterstützt die Regierung, es bekämpft sie aber nicht und verzögert oder verhindert nicht deren Maßnahmen. Alle arbeiten gemeinsam am Ziel, das Land bestmöglich zu verwalten und die Entwicklung in jene Richtung zu lenken, die den höchsten Gemeinnutz bringt.

Der Ausgleicher weist die Minister an, seine politischen Ziele in ihrem jeweiligen Fachbereich umzusetzen. Er ist dabei offen für Vorschläge aus allen Parteien, von Experten und einfachen Bürgern. Der Amtsinhaber fühlt sich auch den Interessen der kommenden Generationen und denen aller anderen Lebewesen verpflichtet. Diese können ihn natürlich nicht durch eine Wahl legitimieren, aber der Ausgleicher hat mit seinen Leistungen in der Vergangenheit bewiesen, dass er verantwortungsvoll handelt. Durch seine Unabhängigkeit besitzt er einen längeren Zeithorizont als die Parteien oder Lobbygruppen. Sie denken kurzfristig, oft nur bis zur nächsten Wahlumfrage oder der nächsten Gewinnausschüttung, das Schicksal der ungeborenen Menschen ist ihnen gleichgültig.

Ethik ist mehr als ein Wahlkampfslogan

Der Ausgleicher wird moralische Werte in die Politik einführen, die bisher unbeachtet blieben. Wir alle kennen die schrecklichen Bilder aus der Massentierhaltung und den Versuchslaboren der chemischen Industrie. Tiere werden in Agrarfabriken auf engstem Raum zusammengepfercht und mit Futter gemästet, das auf den Flächen ehemaliger Urwälder wächst. Durch die schlechten Bedingungen entstehen Krankheiten, welche man vielfach durch das Zufüttern von Antibiotika zu bekämpfen versucht. Wissenschaftler warnen jedoch eindringlich vor dem massenhaften Einsatz dieser kostbaren Arzneien, weil Krankheitserreger dadurch resistent werden können. Nach einer viel zu kurzen Lebenszeit treibt man die unglückseligen Geschöpfe in Lastwagen, die sie oft über weite Strecken zu den Schlachthöfen fahren.

In Laboren werden Affen, Hunde, Katzen und viele weitere Tierarten gequält, um die Wirkung neuer Medikamente zu erforschen – oft geht es auch nur darum, einen neuen Lippenstift auf den Markt zu bringen. Umfragen haben ergeben, dass ein großer Teil der Bevölkerung gegen diese Form der Tiernutzung ist. Politiker der etablierten

Parteien haben viele Male versprochen, sich für das Wohl der Tiere zu engagieren. Zu echten Fortschritten ist es bis heute aber nicht gekommen.

Ein Ausgleicher kann sich für die Rechte von Tieren einsetzen, weil er unabhängig ist von der Agrar- und Chemieindustrie. Er kann Arten und Lebensräume schützen, weil die Aussagen von Wissenschaftlern für ihn wichtiger sind als Parteispenden oder Jobangebote von großen Konzernen. Natürlich will auch der Ausgleicher gewählt werden. Er muss beweisen, dass seine Arbeit langfristig Früchte trägt. Je besser ihm das gelingt, desto höher sind seine Erfolgsaussichten.

Beispiel: Abholzung eines Waldes. Ein Unternehmen möchte wertvolle Bäume fällen, im Gegenzug verspricht es Arbeitsplätze und Steuereinnahmen. Politiker erteilen die Genehmigung zum Kahlschlag, weil sie sich bessere Chancen bei der nächsten Wahl ausrechnen – und eventuell wird auch die eine oder andere Parteispende getätigt. Die Holzfäller rücken also in den Wald ein, bauen Straßen und transportieren die besten Stämme ab. Die lokale Bevölkerung profitiert kurzzeitig, der größte Teil der Gewinne fließt aber in fremde Taschen. Zurück bleibt eine Mondlandschaft. Mit den Bäumen ist ein großer Teil der Nährstoffe verloren gegangen, der Boden ist der Erosion ausgeliefert, viele Arten sind verschwunden. Und die Einheimischen sind noch ärmer als zuvor.

Dieses Beispiel mag klischeehaft erscheinen, aber so funktioniert Demokratie heute tatsächlich. Wer das nicht glaubt, sollte einmal die Situation im Amazonasgebiet analysieren. Oder man denke an die Förderung von Erdöl. Es hat Millionen Jahre gedauert, bis aus Biomasse der kostbare Rohstoff wurde, der unverzichtbar ist in der Chemie- und Pharmaindustrie. Wir jedoch verplempern das Öl innerhalb weniger Generationen, u. a. für „Stadtgeländewagen" (in sich bereits ein Widerspruch). In den meisten Ländern profitiert nur eine kleine Gruppe von der Ausbeutung der Erdölreserven, ein großer Teil der Weltbevölkerung wird aber unter den Umweltschäden zu leiden haben – und das für sehr lange Zeit.

Ein Ausgleicher würde so etwas nicht zulassen. Vielleicht würde er eine Konzession für eine naturnahe Forstwirtschaft erteilen. Dabei dürfen jährlich nur wenige Bäume unter strengen Auflagen gefällt werden, auf den freien Flächen müssen wieder junge Bäume gepflanzt werden. Vielleicht könnte man auch ökologische Landwirtschaft auf kleinen Flächen betreiben, vielleicht könnte man einen sanften Tourismus in Gang bringen. So entstehen Arbeitsplätze für die lokale Bevölkerung und der Lebensraum Wald bleibt langfristig erhalten. Das ist der Unterschied zwischen Ausbeuten und Ausgleichen.

Natürlich will der Ausgleicher auch von der lokalen Bevölkerung gewählt werden. Er muss ihr erklären, dass langfristige Erfolge wichtiger sind als kurzfristige Gewinne. Dafür muss er erhebliche Anstrengungen unternehmen, sehr geduldig sein und Verständnis für jene Mitbürger entwickeln, die „schnelles Geld" machen wollen. Wer sich für den Posten des Ausgleichers bewirbt, darf also mit einer Vielzahl von Problemen rechnen. Langweilig wird es ihm nicht werden.

Variante B: Der Ausgleicher ist **Präsident eines Parlaments**. Er wird vom Volk oder vom Parlament gewählt und von einem Rat aus Experten unterstützt. In diesem Modell wird der Kanzler wie bisher vom Bundespräsidenten vorgeschlagen und vom Bundestag gewählt. Üblicherweise handelt es sich um einen Kandidaten der Partei, welche die meisten Stimmen erhalten hat. Es kann jedoch auch ein Vertreter einer kleineren Partei sein.

Im Parlament sitzen weiterhin Konservative, Sozialdemokraten, Liberale usw. Der Wettbewerb zwischen den politischen Kräften gehört zu den wichtigsten Elementen einer Demokratie – in Zukunft jedoch wird er von einem neutralen Schiedsrichter geleitet. Es finden wie gewohnt Debatten und Abstimmungen statt, allerdings werden sie harmonischer, effizienter und ehrlicher sein. Parteipolitischen Streit, der nur dazu dient, den Gegner zu diskreditieren und sich selbst über andere zu erheben, wird ein Ausgleicher nicht zulassen. Unter seiner Leitung spricht man respektvoll und wohlwollend miteinander, die Aufmerksamkeit konzentriert sich allein auf die Argumente, nicht darauf, wer sie vorträgt oder welche strategischen Ziele (Bündnisse, Absprachen, Karrierepläne) verfolgt werden.

Der Ausgleicher wird mehr politische Macht erhalten als der derzeitige Präsident des Bundestags. Dieser ist vor allem für die Leitung der Parlamentssitzungen zuständig, er achtet auf die Einhaltung der Redezeit und erteilt Ordnungsrufe – zu wenig für ein derart hohes Amt. Politischer Betrug ist ein großes Problem in der Demokratie. Regelmäßig werden Wahlversprechen gebrochen oder es kommt zu politischen Absprachen zum Nachteil des Bürgers. Daraus erwachsen Frustration und Wut. Bei Diskussionen unter Wählern hört man oft Sätze wie „Die da oben machen doch, was sie wollen" oder „Politiker lügen wie gedruckt".

Der Ausgleicher und seine Mitarbeiter werden die Integrität der Abgeordneten überwachen, sie werden die Einhaltung von Wahlversprechen einfordern und Gesetzentwürfe und Vorlagen (deren Adressat der Parlamentspräsident ist) auf ihre Folgen für die Gesellschaft, die Umwelt und die nachfolgenden Generationen überprüfen. Beraten werden sie dabei u. a. von den Wissenschaftlichen Diensten des Bundestages. Gesetze, die mehr Schaden als Nutzen bringen, dürfen nicht verabschiedet werden.

Regierungen versuchen oft, unangenehme Entscheidungen durchzupeitschen. Während der Flüchtlingskrise von 2015 wurde die Aufnahme einer unbegrenzten Zahl von Zuwanderern allein von der Bundeskanzlerin beschlossen. Eine Abstimmung mit den europäischen Partnern hat nicht stattgefunden, Vertreter der Länder und der Bundesbehörden wurden nicht befragt. Auch im Nachhinein hat keine Debatte im Bundestag stattgefunden, obwohl dies die wichtigste Entscheidung der letzten Jahrzehnte war. Niemand sprach darüber, welche Folgen sich auf dem Wohnungsmarkt, in den Kindergärten und Schulen und im Bereich der inneren Sicherheit ergeben könnten. Das Klimapaket von 2019 passierte das Kabinett im Eiltempo, Anhörungen von Experten wurden abgekürzt. Auch hier gab es kaum eine politische Debatte, obwohl das Thema insbesondere die jungen Menschen zu Tausenden auf die Straße trieb.

Nichts unter den Teppich kehren

Ein Ausgleicher würde so etwas nicht erlauben. Weil er kein Mitglied einer Partei ist, muss er nicht befürchten, dass parteischädliche Informationen (z. B. über Untätigkeit, Absprachen oder Fehlentscheidungen) an die Öffentlichkeit gelangen. Er würde das Thema deshalb auf die Tagesordnung setzen (auch gegen den Willen der Abgeordneten) und sich im Zweifelsfall mit einer Erklärung direkt an die Bürger wenden.

Beispiel: Partei A hat im Wahlkampf versprochen, keine neuen Schulden zu machen. In der neuen Legislaturperiode fordert Partei B, dass ein schuldenfinanziertes Programm zur Frühverrentung aufgelegt wird, weil man die Stimmen der Frührentner bei der nächsten Wahl für sich gewinnen möchte. Partei B bittet Partei A, ihr bei diesem Plan behilflich zu sein. Im Gegenzug bietet Partei B an, Partei A bei einer anderen Abstimmung zu unterstützen. Hierbei würde es sich um einen klaren Bruch eines Wahlversprechens handeln, wie es bereits tausendfach vorgekommen ist. Ein Ausgleicher würde das nicht hinnehmen, weil er weder Mitglied von Partei A noch von Partei B ist. Er hat die Interessen der Steuerzahler im Blick, die dieses Wahlgeschenk finanzieren müssten, und verhindert das Vorhaben, etwa indem er die Wähler darüber informiert oder den Gesetzentwurf zurückweist.

Beide Parteien müssen sich bessere Argumente ausdenken, um die Bürger von sich zu überzeugen. Der politische Wettbewerb bleibt erhalten. Eine starke Kontrollinstanz wacht über die Einhaltung der Regeln.

Auch endloser politischer Streit zermürbt die Wähler. Wenn alle Argumente ausgetauscht sind und keine neuen Erkenntnisse vorliegen, gibt es keinen Grund, warum ein Thema erneut auf die Tagesordnung soll. Selbstdarstellung der Parteien und Schädigung des Gegners bringen keinen Gewinn für die Bürger. Der Ausgleicher hat deshalb das Recht, Themen abzulehnen oder eine Abstimmung zu erzwingen, wenn Prozesse unnötig in die Länge gezogen werden.

Beispiel: Europa ist im Bereich der künstlichen Intelligenz weit hinter Asien und die USA zurückgefallen. Eine rechtzeitige und zielgerichtete Förderung dieser Technologie, ähnlich wie in der Luftfahrt mit dem Airbus-Konzern, hätte uns Marktanteile sichern können.

Das Argument „In der Demokratie mahlen die Mühlen langsam" zählt nicht mehr. Insbesondere im Wettbewerb mit autokratisch regierten Ländern, die Entscheidungen schnell und effizient durchsetzen können, ist es wichtig, dass auch Demokratien handlungsfähig sind. Der Ausgleicher lenkt die politischen Prozesse und treibt sie nötigenfalls voran.

Natürlich können die Varianten A und B auch miteinander kombiniert werden.

1.4.3 Ausgleicher als Teil der direkten Demokratie

Im Gegensatz zur repräsentativen Demokratie, in der die Regierungsgewalt von Abgeordneten ausgeht, trifft das Volk in der direkten Demokratie die wesentlichen Entscheidungen selbst. Das funktioniert in einigen Ländern sehr gut, wie etwa in der Schweiz, wo man mit dieser Regierungsform seit Jahrhunderten vertraut ist, und einigen Ländern sehr schlecht, wie der EU-Austritt von Großbritannien bewiesen hat. Vor der Abstimmung über den Brexit wurden viele falsche Informationen verbreitet, einzelne Personen, die über beträchtliche finanzielle Mittel verfügten, übten mittels der Medien einen starken Einfluss auf die Bevölkerung aus. In der Folge entwickelte sich ein heftiger Streit, Gegner und Befürworter des Austritts standen sich unversöhnlich gegenüber. Was fehlte, war eine Institution, die den Prozess hätte leiten und überwachen können und die bei Bedarf auch korrigierend eingegriffen hätte. Diese Aufgabe sollte der Ausgleicher übernehmen.

In der direkten Demokratie führt der Ausgleicher zunächst Volksbefragungen durch. Der erste Impuls dazu geht von der Bevölkerung aus. Wenn es ein Thema gibt, das den Menschen „unter den Nägeln brennt", wie etwa der Ausstieg aus einer bestimmten Form der Energieerzeugung, hat jeder stimmberechtigte Bürger das Recht, eine Petition zu einer Volksbefragung einzureichen. Wenn sich genügend Bürger dieser Petition anschließen, führt der Ausgleicher eine Volksbefragung durch. Wenn genügend Bürger der Ansicht sind, das Thema sei so dringlich, dass eine Volksabstimmung eingeleitet werden sollte, eröffnet der Ausgleicher das Abstimmungsverfahren.

Wie der Begriff „genügend" definiert ist, sollte durch Fachleute geklärt werden. Beispiel: Ein halbes Prozent der

Stimmberechtigten muss die Petition zur Volksbefragung unterstützen. Fünf Prozent müssen bei der Befragung der Meinung sein, das Thema ist wichtig genug für eine Volksabstimmung.

Die Volksabstimmung wird vom Ausgleicher geleitet. Gemeinsam mit Politikexperten formuliert er die Frage, über die abgestimmt werden soll, und die möglichen Antworten. Aufgabe des Ausgleichers ist es auch, falsche Informationen im Vorfeld von Abstimmungen zu erkennen und herauszufiltern. Seine Helfer und er beobachten Kampagnen und drängen den Einfluss reicher Personen oder Unternehmen zurück. Sie sorgen dafür, dass NGOs, Experten und einfache Bürger gebührend zu Wort kommen. Die Bevölkerung soll vor der Abstimmung objektiv und vollständig informiert werden.

Als Hilfsmittel könnten kurze Informationsfilme produziert werden, die von Fernsehsendern ähnlich wie Wahlwerbespots ausgestrahlt werden müssen. In Zeitungen und im Internet könnte man Anzeigen schalten, in denen Pro- und Kontraargumente sachlich aufgeführt werden.

1.4.4 Die Kammer der Freien Bürger

Denkbar ist auch, ein eigenes Parlament für direkte Bürgerbeteiligung einzurichten. Demokratische Institutionen wirken heute oft kalt und abweisend. Parlamente haben ihren Sitz in großen, repräsentativen Gebäuden, sie werden bewacht von Heerscharen von Sicherheitsleuten, Flaggen wehen vor dem Eingang, die Symbole des Staates prangen an der Fassade, schwere Limousinen fahren vor, Diener in dunklen Anzügen öffnen die Türen, würdevolle Männer und Frauen betreten das hohe Haus. Einfache Bürger dürfen nicht eintreten, ihnen bleibt maximal die Besuchertribüne oder das Büro ihres lokalen Abgeordneten. Der verspricht ihnen, sich um ihre Belange zu kümmern. Dazu kommt es aber nicht, weil er sich gegen Hunderte weitere Abgeordnete durchsetzen muss, weil er die Parteiräson einhalten muss, weil er auf die Wünsche der Lobbyisten Rücksicht nehmen muss und weil er seine eigene Karriere voranbringen will. Die Interessen der Bürger bleiben dabei auf der Strecke. Viele Menschen wenden sich deshalb enttäuscht von der Demokratie ab.

Das parlamentarische System hat den Nachteil, dass der Bürger bei Wahlen seine Stimme abgibt – und dann ist sie weg für die nächsten vier oder fünf Jahre. Innerhalb dieser Frist gibt es keine Möglichkeit, Einfluss auf die Politik zu nehmen. Außerdem ist der Bürger gezwungen, komplette Pakete einzukaufen. Es ist nicht möglich, nur einzelne Elemente auszuwählen.

Beispiel A: Einem Wähler ist die innere Sicherheit wichtig. Das beste Angebot findet er bei einer konservativen Partei, die verspricht, organisierte Kriminalität zu bekämpfen, politischen und religiösen Extremismus einzudämmen und die Grenzen zu schützen. Der Wähler stimmt mit diesen Positionen überein und ist geneigt, dieser Partei bei der nächsten Wahl seine Stimme zu geben. Doch leider erfährt er, dass dieselbe Partei enge Verbindungen zur Automobilindustrie unterhält. Sie sieht darüber hinweg, dass viele Autos die vorgeschriebenen Verbrauchswerte nicht einhalten, weil die dazu nötigen Maßnahmen den Gewinn pro verkauftem Fahrzeug reduzieren würden.

Beispiel B: Eine Wählerin möchte sich für die Bewahrung der heimischen Natur einsetzen. Das beste Angebot findet sie bei einer grünen Partei, die verspricht, mehr Naturschutzgebiete einzurichten und den öffentlichen Nahverkehr zu fördern. Doch gleichzeitig gibt die Partei bekannt, die Energiesteuer und die CO_2-Abgabe derartig erhöhen zu wollen, dass die Produktion von Stahl und Aluminium in Europa zu wettbewerbsfähigen Preisen nicht mehr möglich wäre. Diese Metalle müssten in Zukunft aus dem Ausland importiert werden, wo man sie unter weit umweltschädlicheren Bedingungen herstellt. Da Abgase nicht an Landesgrenzen haltmachen, würde sich das Problem im Endeffekt sogar verschärfen.

Beide Wähler befinden sich in einem Dilemma. Einige Angebote der Parteien gefallen ihnen sehr gut, andere überhaupt nicht. Obwohl beide eingefleischte Demokraten sind, erzeugt dieser Zwang zur Paketwahl Frustration bei ihnen.

Politiker sollen Diener des Volkes sein

Die Kammer der Freien Bürger ist ein Gegenentwurf. Sie sitzt nicht Hunderte oder Tausende Kilometer entfernt in Brüssel oder in der jeweiligen Landeshauptstadt, sondern sie kommt zu den Bürgern. Dieses Parlament hat keinen festen Sitz, es reist von Stadt zu Stadt, macht Station in Kongresszentren oder Mehrzweckhallen. Geleitet wird es von einem Ausgleicher, dessen Funktion vergleichbar ist mit der eines herkömmlichen Parlamentspräsidenten. Zusätzlich übernimmt er Kontrollaufgaben, vor allem die Überprüfung der Anträge. Jeder Bürger darf zu den Sitzungen erscheinen, darf Fragen stellen, sich beschweren, eine Petition zu einer Volksbefragung einreichen, eine Problemlösung vorstellen oder darum bitten, einen lokalen Streit zu schlichten. Er ist nicht gezwungen, über ganze Pakete von Lösungen zu entscheiden, sondern kann in jeder Sachfrage individuell auswählen.

Natürlich ist damit zu rechnen, dass der Andrang sehr groß sein wird und schon die Masse an Anträgen die

Kammer lahmlegen könnte. Deshalb werden einzelne Anliegen zu Sammelanträgen zusammengefasst. Dabei kann moderne Technik behilflich sein, etwa indem eine künstliche Intelligenz nach Gemeinsamkeiten sucht, die Anträge vorformuliert und einen geeigneten Bürger vorschlägt, der die Initiative vertritt – er ist dann gewissermaßen der Abgeordnete.

Der Ausgleicher hat das Recht, Anträge von vornherein abzulehnen. Etwa wenn sie gegen die Menschenwürde verstoßen, wie die Wiedereinführung der Todesstrafe. In jedem Fall muss eine wissenschaftliche Beratung erfolgen. Projekte, die mehr Schaden als Nutzen bringen, werden ebenfalls abgelehnt.

Beispiel: Eine Trasse für eine Regionalbahn soll gebaut werden. Planungsverfahren sind in demokratischen Ländern sehr aufwendig, sie dauern jahrelang, manchmal sogar jahrzehntelang. In der Kammer der Freien Bürger können sie schneller und effektiver vonstatten gehen. Zunächst wird der Antrag von einer lokalen Gruppe von Bürgern gestellt. Der Ausgleicher bittet alle Beteiligten zu sich: Bahnbetreiber, Politiker, Juristen, Planer usw. Er hört sich alle Meinungen an und sichtet die Gutachten. Die endgültige Entscheidung erfolgt durch eine Volksabstimmung. Anschließend wird das übliche Bauverfahren eingeleitet, das der Ausgleicher überwacht und vorantreibt, falls die Behörden sich mal wieder zu viel Zeit lassen. Der Bau der neuen Verkehrsverbindung kann so erheblich beschleunigt werden, bei gleichzeitiger Wahrung der Beteiligungsrechte der Bürger.

Es könnten auch neue Gesetze von der Kammer der Freien Bürger angeregt werden. Analog zum Verfahren des Volksentscheides müsste sich eine bestimmte Menge von Bürgern zusammenfinden, die das Verfahren beantragen.

Ein Ausgleicher begleitet es über mehrere Stufen: Befragen der Öffentlichkeit, Experten anhören, geprüfte Informationen verbreiten, Abstimmung durchführen. Ebenso könnten natürlich auch Gesetze und Bestimmungen auf Antrag aufgehoben oder geändert werden.

Die Zusammenarbeit zwischen Behörden auf Landes- und Bundesebene funktioniert oft schlecht, Informationen werden nicht ausgetauscht, Zuständigkeiten sind unklar. Ausgleicher könnten als Bindeglied fungieren, könnten Prozesse koordinieren und überwachen.

Kreativität der Bürger nutzen

Mit diesem Konzept kann auch mehr soziale Gerechtigkeit erreicht werden.

Beispiel: In vielen Städten Europas herrscht Wohnungsnot, zum Teil nimmt sie extreme Ausmaße an. Es gibt auf dem Kontinent aber auch ein leuchtendes Vorbild: Wien. Seit über hundert Jahren betreibt die österreichische Hauptstadt konsequenten sozialen Wohnungsbau. Heute besitzt Wien über zweihunderttausend Gemeindewohnungen und ist damit die größte Hausverwaltung Europas, ein Viertel der Einwohner leben in Gemeindebauten. Die Mieten sind deutlich günstiger als in vergleichbaren Städten, außerdem genießen die Mieter einen umfangreichen Schutz. Was Wien kann, können alle anderen Städte ebenso — im Prinzip.

Es besteht aber ein großes Hindernis: Mit dem Bau, dem Verkauf, der Vermietung und der Vermittlung von Wohnungen kann man sehr viel Geld verdienen. Besonders lukrativ sind Objekte (auch Restaurants, Läden, Büros) aus dem gehobenen Segment, weshalb wir in vielen Städten eine Gentrifizierung erleben. Die Bau- und Immobilienwirtschaft übt einen starken Einfluss auf die Politik aus und verhindert vielfach eine gerechte Stadtentwicklung.

Ausgleicher sind nicht empfänglich für diesen Einfluss. In der Kammer der Freien Bürger dürfen die Einwohner der Städte selbst die Initiative ergreifen. Sie können verhindern, dass Wohnungen aus städtischem Besitz an Investoren verkauft werden, die Häuser luxussanieren und Altmieter vertreiben. Sie können auch den Mieterschutz verbessern oder Bauprojekte auf öffentlichem Grund vorantreiben. Die Situation auf den Wohnungsmärkten würde sich dadurch entspannen, ohne dass gigantische Summen an Steuergeldern aufgebracht werden müssten.

Letztes Beispiel: Leider erleben wir es heute rund um den Erdball, dass Kinder in Armut aufwachsen. Selbst in Deutschland leben fast zwei Millionen Kinder von Sozialhilfe – eine Schande für ein so reiches Land. Politiker versprechen seit vielen Jahren mehr soziale Gerechtigkeit, passiert ist nichts. Neben mangelndem Willen liegt es auch daran, dass ein Mangel an Ideen herrscht. In Deutschland gibt es nur wenige Berufspolitiker, die die wichtigen Entscheidungen treffen. Kanzlerin Merkel hat gar den Stil des „Durchregierens" geprägt, bei dem die Mitarbeit des Parlaments nicht mehr vorgesehen ist. Sie herrscht allein und umgibt sich mit Beratern, die von ihr ausgewählt werden.

Die Weisheit und die Kreativität von Millionen Bürgern bleibt ungenutzt. Vielleicht hat die beste Idee zur Bekämpfung von Kinderarmut eine Studentin in Berlin, ein Rentner in Leipzig oder ein Schulkind im Bayrischen Wald. Weil unser politisches System aber von den wenigen „Profis" beherrscht wird, kommen ihre Geistesblitze meist nicht über ein YouTube-Video oder einen Beitrag in einem Blog hinaus. Die Kammer der Freien Bürger bietet die Gelegenheit, diese Ideen einer großen Zahl von Menschen vorzustellen, sie darüber abstimmen zu lassen und sie gegebenenfalls auch umzusetzen. Die Chance auf eine Lösung des Problems ist dadurch millionenfach höher.

Die Kammer der Freien Bürger kann auch genutzt werden, um den Staat transparent zu gestalten und Entscheidungen nachvollziehbar zu machen. Jeder Bürger sollte das Recht haben, auf Antrag alle wichtigen Informationen zu erhalten. Kein Staatsbediensteter und kein Politiker darf mehr Geheimverträge abschließen, für die alle Bürger eines Landes haften, deren Bestandteile aber außer den Beteiligten niemand kennt. Der Ausgleicher überwacht die Informationsfreigabe, wahrt aber auch den Datenschutz.

Viele Chancen, wenig Risiko

Die Kammer der Freien Bürger bedeutet, schnelle, einfache und direkte Demokratie auszuüben. Die Stimme des Bürgers geht nicht für eine volle Legislaturperiode verloren, er ist nicht gezwungen, umfangreiche Wahlprogramme einzukaufen. Viel mehr Menschen können sich an der Lösung von Problemen beteiligen. Das System ist sicher und wird von einem Ausgleicher überwacht. Populisten oder Demagogen bietet es keine Bühne, um Wähler mit „einfachen Parolen" zu verführen.

Eine große Hoffnung verbindet sich mit diesem Konzept. Unzählige Zeitgenossen sind frustriert von der Politik. Den Satz „Man kann ja doch nichts ändern" hört man oft im Alltag. Die Kammer der Freien Bürger bietet das Potenzial, viele Enttäuschte für die Demokratie zurückzugewinnen. In Zukunft wird man auf Schulhöfen, Marktplätzen und in Werkskantinen nicht nur über Fußballergebnisse, das Fernsehprogramm und den Wetterbericht diskutieren, sondern auch über Umweltschutz, sozialen Wohnungsbau, gerechte Rente und Mindestlohn. Man kann eben doch etwas ändern.

1.4.5 Persönliche Qualifikation des Ausgleichers

Wie bereits erwähnt, muss der Ausgleicher auf strikte Neutralität und Unabhängigkeit achten. Er darf Mitglied keiner Partei, keines Verbandes und keiner sonstigen Interessenvertretung sein. Der letzte Tag der Zugehörigkeit zu einer derartigen Organisation muss gerechnet von seinem Amtsbeginn mindestens fünf Jahre zurückliegen. Er darf zuvor nicht bei einem Großunternehmen gearbeitet haben und nach seiner Tätigkeit als Ausgleicher nicht dorthin wechseln. Kontakte zu den zuvor genannten Institutionen sind erlaubt und sogar erwünscht, weil er sich von keiner gesellschaftlichen Strömung abschotten soll. Der Ausgleicher hält Verbindung zu allen Gruppen, lässt sich aber von keiner vereinnahmen.

So wie der Bundespräsident der BRD darf er kein weiteres besoldetes Amt ausüben, kein Gewerbe und keinen Beruf ausüben und kein gewerbliches Unternehmen führen. Und ähnlich wie dieser sollte er über eine gewisse Lebenserfahrung verfügen und deshalb mindestens vierzig Jahre alt sein. Idealerweise hat der Ausgleicher seine Fähigkeiten zur Lösung von Konflikten bereits bewiesen, z. B. als Ombudsmann einer bedeutenden Organisation, als Mediator in der Kommunalpolitik, als Bürgermeister einer Kommune, als Richter an einem ordentlichen Gericht, als Schiedsrichter im Sport, Vermittler im Streit von Bauvorhaben oder Schlichter von Tarifkonflikten.

Der Ausgleicher sollte eine ganzheitliche Lebenseinstellung haben und sich bewusst sein, dass alles miteinander zusammenhängt. Abgase, die an einem Ort ausgestoßen werden, können auch an einem weit entfernten Ort eine Wirkung entfalten. Umweltschäden, die von einer Generation begangen werden, können noch viele nachfolgende Generationen belasten. Der Ausgleicher kann Anhänger einer Religion oder Weltanschauung sein, sollte sich ihr aber nicht ausschließlich zugehörig fühlen. Ihm muss bewusst sein, dass alle Religionen und Weltanschauungen gleichwertig nebeneinander stehen. Der Ausgleicher trennt die Menschen nicht in rechts und links, jung und alt, arm und reich, sondern vereint alle zu einer Gemeinschaft.

1.4.6 Schule des Ausgleichens

Das vorliegende Buch wird der Beginn einer Flut von Literatur zum selben Thema sein. Zahlreiche Geisteswissenschaftler, Publizisten, Politiker und interessierte Laien werden sich Gedanken darüber machen und eigene Ideen und Vorschläge hinzufügen. Einiges davon wird vorteilhaft sein, anderes nicht.

Sinnvoll wäre es, wenn man eine Art „Übungsraum" für künftige Ausgleicher schaffen würde. Kandidaten können im Rahmen von Diskussionsrunden, wissenschaftlichen Untersuchungen und Computersimulationen ihre Konzepte vorstellen und überprüfen lassen. Auf diese Weise können sie Erfahrungen sammeln und sich zugleich einer größeren Öffentlichkeit vorstellen.

Dieser Übungsraum sollte analog zur Kammer der Freien Bürger nicht an einem festen Ort beheimatet sein, sondern übers Land reisen, damit jeder Mensch die Veranstaltungen besuchen und sich selbst einbringen kann. Weil Zeitungen, Fernseh- und Radiosender darüber berichten werden, ergibt sich dadurch ein Gegengewicht zur medialen Dauerpräsenz der politischen Parteien.

Vermutlich werden die Lösungen zunächst nur zaghaft aufgegriffen und in die Realität umgesetzt. Wenn man jedoch die Resultate sieht, wird die Methode immer häufiger zum Einsatz kommen. Der erste Ausgleicher darf seine Arbeit nur auf Anforderung machen, gewissermaßen als Joker, der bei Bedarf gezogen wird. Natürlich ist am Anfang mit „Kinderkrankheiten" zu rechnen. Sobald das System ausgereift ist, wird die Ausnahme zur Regel werden.

Die Waage wird die Pyramide also nicht von heute auf morgen verdrängen. Voraussichtlich wird der Prozess Jahrzehnte in Anspruch nehmen.

Alte Strukturen, neues Denken

Beispiel A: Die deutsche Regierung hat sich nach 2011 von russischer Energie abhängig gemacht. Ein Grund dafür war die Inkompetenz der Kanzlerin Merkel, die gleichzeitig aus Atomkraft und Kohleenergie aussteigen wollte. Merkel traf sich zwar regelmäßig mit ihrem Kabinett und den Ministerpräsidenten der Länder, den direkten Kontakt zu Männern und Frauen aus den unteren Klassen der Pyramide vermied sie jedoch. Dadurch geriet Deutschland nach dem russischen Überfall auf die Ukraine in schwere politische und wirtschaftliche Turbulenzen.

Hätte Merkel an einem Ausgleichsverfahren teilgenommen, wäre ihr ein solches Verhalten nicht möglich gewesen. Sie hätte z. B. darüber Auskunft geben müssen, warum die deutschen Gasspeicher an das russische Unternehmen Gazprom abgegeben wurden, obwohl sich die Abhängigkeit dadurch noch weiter erhöhte.

Im selben Verfahren hätten Energieexperten, Ingenieure, Vertreter von Versorgungsunternehmen usw. einen Anspruch darauf gehabt, der Kanzlerin ihre Bedenken zu schildern und gleichzeitig Lösungsvorschläge zu unterbreiten. Es kommt zwar gelegentlich vor, dass eine Kanzlerin oder ein Präsident mit einfachen Bürgern spricht, doch das sind reine PR-Termine, die Volksnähe suggerieren sollen. Im neuen System hat der Bürger ein verbrieftes Antragsrecht, seine Vorschläge müssen von Experten ernsthaft geprüft werden. Der Bürger darf nicht wie ein unmündiges Kind behandelt werden.

Ein Ausgleicher würde die Arbeit der Regierung ständig überwachen und verbessern, er würde die Bürger in die politische Arbeit einbinden, die Prozesse beschleunigen und bis zum erfolgreichen Ende begleiten. Auch kurzfristige Eingriffe in die Tagespolitik sind möglich.

In der Schule des Ausgleichens kann man diese Ideen zunächst theoretisch durchspielen. Computermodelle werden zeigen, wie viele Menschenleben durch ein besseres Krisenmanagement hätten gerettet werden können. Das Ergebnis wird alle Zweifler zum Verstummen bringen.

Taten statt Worte

Beispiel B: Digitalisierung. Als Angela Merkel Kanzlerin wurde, stand Deutschland im Bereich Mobilfunk und Internetgeschwindigkeit an der Spitze Europas. Während ihrer 16-jährigen Regentschaft sind wir auf einen der letzten Plätze zurückgefallen, obwohl zahlreiche Fachleute auf die Schwächen ihrer Politik hingewiesen haben. Unter anderem wurde gefordert, den Ausbau der Glasfasernetze voranzutreiben und die komplizierten Genehmigungs- und Förderverfahren zu vereinfachen. Die Regierung versprach viel, tat aber fast nichts.

In der Schule des Ausgleichens kann man ein Modell entwickeln, in dem die Bundeskanzlerin eine Ausgleicherin ist.

Dabei würde sie eine „aktuelle Stunde" veranstalten, bei der der Minister für Verkehr und digitale Infrastruktur den Bürgern Rede und Antwort stehen muss. Er müsste erklären, warum in den letzten Jahren so wenig geschehen ist. Gleichzeitig dürfen Beamte und Angestellte aus der Verwaltung Vorschläge machen, mit denen man die Verfahren optimieren kann. Der Minister muss dazu Stellung beziehen. Die Ausgleicherin wird die besten Vorschläge auswählen und von Experten bewerten lassen.

Beim nächsten Kabinettstreffen wird die Kanzlerin dem Minister die nun geprüften und verbesserten Konzepte vorlegen und aufgrund ihrer Richtlinienkompetenz verlangen, dass sie umgesetzt werden. Simulationen von Computern werden zeigen, um wie viel besser unser Land heute dastehen würde, wenn dieses Modell in der Praxis angewandt worden wäre.

Das schöpferische Potenzial an der Spitze der Pyramide ist allein schon deshalb beschränkt, weil sich dort nur wenige Personen befinden. Oben stehen vielleicht ein paar Hundert Berufspolitiker und Spitzenbeamte, die das Land und seine wichtigen Institutionen beherrschen. Darunter stehen über achtzig Millionen Menschen, die trotz all ihrer Kenntnisse und Erfahrungen nicht am Prozess des Regierens und Gestaltens beteiligt sind – das ist nicht nur unvernünftig, das ist verrückt.

In jedem theoretischen Modell der Schule des Ausgleichens wären die Amtsträger dazu verpflichtet worden, die Vorschläge mit den besten Erfolgsaussichten innerhalb eines angemessenen Zeitraums zu verwirklichen. Anschliessend hätte der Ausgleicher die Umsetzung überwacht und im Falle von Fehlern oder Verzögerungen eine Nachbesserung verlangt. Die Ergebnisse dieser Modellrechnungen werden den Weg in die Zukunft weisen.

1.4.7 Finanzierung des Ausgleichers

Der Ausgleicher wird während seiner Amtszeit aus Steuermitteln bezahlt. Zur Finanzierung seiner Wahlkampagne darf er keine Großspenden annehmen. Kleinspenden sind erlaubt. Der Kandidat ist zur Ehrlichkeit verpflichtet und muss daher die Gestaltung seiner Kampagne offenlegen. Sinnvoll ist das System des Crowdfundings, bei dem viele Einzelpersonen oder Gruppen gezielt den Kandidaten fördern, den sie für am besten geeignet halten.

Außer der Schule des Ausgleichens müssen vorerst keine neuen Strukturen aufgebaut werden, keine Stiftungen, Agenturen oder Behörden. Als Präsidenten, Kanzler und Minister können Ausgleicher bestehende Ämter übernehmen. Dank ihrer schnellen und effektiven Arbeit können Parlamente, Ministerien und die angeschlossenen Verwaltungsapparate deutlich verkleinert werden. Auf interne und externe Berater kann größtenteils verzichtet werden, weil sich die Fachleute (Bürger) selbst bei den Ausgleichern melden und ihre Expertise anbieten. Gewaltige Beträge lassen sich dadurch einsparen, in der Folge sinken die Steuersätze für alle Bürger.

Lediglich die Kammer der Freien Bürger erfordert eine gänzlich neue Struktur. Dieses Projekt wird erst umgesetzt werden, wenn sich die Idee des Ausgleichers etabliert hat.

1.4.8 Gibt es Nachteile?

„Das klingt zu schön, um wahr zu sein", werden die Skeptiker sagen. „Die Sache hat doch sicher auch Nachteile. Es gibt immer einen Haken."

Den gibt es schon – aber nur aus Sicht derjenigen, die vom bisherigen System profitieren. Die Pyramide bietet den Vorteil der organisierten Verantwortungslosigkeit. Wenn es zu schwerwiegendem Versagen kommt, kann der Mann oder die Frau an der Spitze sagen: „Ich habe alles richtig gemacht. Aber die Leute in den unteren Etagen haben meine Anweisungen nicht richtig umgesetzt." Oder: „Davon habe ich nichts gewusst. Die Informationen aus den unteren Etagen sind nicht zu mir durchgedrungen." Diese Ausreden sind vor allem bei Politikern sehr beliebt.

Beispielhaft steht dafür die Clankriminalität in Deutschland. Über Jahrzehnte hinweg haben sich ausländische Verbrecherclans in vielen deutschen Städten ausgebreitet. Anfang des 21. Jahrhunderts hatten sie ganze Stadtteile erobert, durch Drogen- und Menschenhandel, durch Schutzgelderpressung und Raubüberfälle schufen sie gewaltiges Leid bei ihren Opfern. Doch die zuständigen Amtsträger verschlossen ihre Augen vor dem Elend. Vielleicht hatten sie Angst, als rechtsextrem gebrandmarkt zu werden, wenn sie die Nationalität der Täter bekannt geben würden, vielleicht war es schlichte Faulheit. Die Pyramide half ihnen, sich von den Problemen auf der unteren Ebene abzuschotten. Männer und Frauen aus der Praxis, die jeden Tag damit konfrontiert waren, drangen mit ihrer Kritik nicht zu ihnen durch.

Ähnlich argumentieren manchmal auch diejenigen, die weiter unten in der Pyramide stehen: „Wir können da leider nichts machen. Die da oben haben falsch entschieden. Wir führen nur Befehle aus." Oder: „Davon haben wir nichts gewusst. Die da oben haben uns nicht informiert." Viele Karrieren basieren auf solchen Ausflüchten. In einer Pyramide ist niemand für ein Problem zuständig oder hat Kenntnis davon. Es gibt immer eine höhere oder niedrigere Rangstufe, auf die man verweisen kann.

Ein Beispiel für das mangelnde Verantwortungsgefühl der unteren Ränge ist der sogenannte Befehlsnotstand, auf den sich viele NS-Anhänger nach dem Untergang des Dritten Reiches beriefen. Sie behaupteten, dass ihnen schwere Strafen gedroht hätten, wenn sie verbrecherische Befehle nicht ausgeführt hätten. Damit legitimierten sie vor sich selbst und vor der Weltöffentlichkeit die furchtbarsten Taten – bis hin zu Krieg und Völkermord. Die moralische und juristische Schuld sprachen sie dem obersten „Führer" Adolf Hitler zu.

Im Ausgleichsverfahren ist Flucht vor der Verantwortung nicht möglich. Die Waage zeigt jedes Ungleichgewicht an, hinter den Schalen kann man sich nicht verstecken. Ein Ausgleicher ist ehrlich zu sich selbst. Er analysiert nicht nur die äußeren Umstände, sondern beschäftigt sich auch mit seiner eigenen psychischen Lage. Ständig ist er sich darüber bewusst, welches Gefühl sein Handeln bestimmt. Angst und Wut? Oder Verständnis und Mitgefühl? Dieses Thema ist von enormer Bedeutung und wird deshalb in den späteren Kapiteln dieses Buches näher erläutert.

Ein amtlicher Ausgleicher darf einen Antrag nicht ablehnen, wenn er hinreichend begründet ist. Er muss sich mit dem Problem auseinandersetzen, muss sich das Pro und Kontra anhören. Außerdem ist er zur Offenheit verpflichtet. Wichtige Informationen (z. B. staatliche Verträge mit privaten Unternehmen) dürfen nicht geheim gehalten werden. Die Bürger müssen stets die Möglichkeit haben, sich über den Stand des Verfahrens zu informieren. Dabei wird für jeden erkennbar sein, wer ehrlich, fleißig und kompetent ist – und wer nicht.

Wenige Verlierer, viele Gewinner

Ein weiterer Kritikpunkt wird sein, dass der Ausgleicher nicht kontrolliert werden kann – nicht von den Mächtigen aus der Politik, nicht von der Wirtschaft und nicht von den Medien. Der Ausgleicher ist nicht auf einen Gefallen angewiesen, den ihm ein Politiker erweisen kann, nicht auf Parteispenden, nicht auf einen lukrativen Posten, den er nach Ende seiner Karriere angeboten bekommt, nicht auf positive Schlagzeilen und nicht auf Einladungen in Talkshows. Der Ausgleicher ist unabhängig – und deshalb wird man ihn fürchten.

Nach Einführung des neuen Systems werden sicher einige Leute ihre Jobs verlieren: Unfähige Beamte, die nur aufgrund von Beziehungen eine Planstelle bekommen haben, Journalisten, deren Karriere nur deshalb so gut läuft, weil sie die „richtige" Meinung haben, Politiker, die über keinerlei Qualifikation verfügen und sich allein auf ihr Parteibuch verlassen. Sie alle sind von akuter Arbeitslosigkeit bedroht. Deshalb werden sie sich mit Händen und Füßen gegen die Veränderungen wehren. Der Hauptvorwurf wird vermutlich auf Populismus lauten. Der Ausgleicher macht nicht das, was die selbst ernannte Elite will, sondern er hört auf das Volk.

Allein der Begriff Volk ist schon verdächtig, irgendwie rechts. Wenn man eine Idee verunglimpfen will, rückt man sie in die rechte Ecke. Die alten Kräfte werden die Geister der Vergangenheit beschwören, mit Krieg und Diktatur drohen. Man wird Argumente anführen wie: „Die deutsche

Vergangenheit spricht gegen direkte Demokratie." Das ist grundfalsch. Hitler ist nicht an die Macht gekommen, weil es in Deutschland zu viel demokratische Mitbestimmung gab. Und es lag auch nicht daran, dass nach dem Ersten Weltkrieg ein gerechter Ausgleich zwischen den Völkern stattfand, im Gegenteil. Ausgleicher hätten die Katastrophe sicher verhindern können.

Angst vor dem Volk

Es wäre so leicht, aus der Vergangenheit zu lernen. Kriege werden immer von der Führungsschicht begonnen. Kein junger Mann würde auf die Idee kommen, sich ein Gewehr zu nehmen und mit ein paar Tausend Gleichgesinnten die Grenze zu überschreiten, um Land oder Rohstoffe zu rauben. Der Befehl zum Angriff kommt immer von der Spitze der Pyramide, er wird von einer kleinen Gruppe von Militärs und Politikern gegeben, die selbst kein persönliches Risiko eingehen, aber von einem Sieg profitieren würden. Diese „Führer" sind gierig, eifersüchtig, von Angst und Wut zerfressen – und befinden sich somit in einem persönlichen Ungleichgewicht.

Die Bevölkerung ist nicht dumm, roh und leicht zu beeinflussen. Die meisten Menschen auf dieser Welt sind friedlich, fleißig und gerecht. Sie möchten einfach nur ihr Leben in Sicherheit und ein bisschen Wohlstand genießen. Vor ihnen muss niemand Angst haben.

In Zukunft wird die Bevölkerung kein Spielball mehr in den Händen der Mächtigen sein. Jeder Mensch wird das Recht haben, sich an einen unabhängigen Schiedsrichter zu wenden, der ihm zuhört, der seine Sorgen und Nöte ernst nimmt und auf seine Vorschläge eingeht. Dieser Vermittler thront nicht über seinen Mitmenschen, um mit dem Hammer in der Hand über sie zu urteilen. Er läuft mit ihnen über das Spielfeld und greift nur dann ein, wenn es nötig ist. Eine Entkopplung der Politik vom Rest der Gesellschaft wird der Ausgleicher nicht zulassen.

Frieden und Gerechtigkeit herrschen nicht dort, wo die einen oben und die anderen unten stehen, sondern dort, wo sich alle auf derselben Ebene befinden.

2. Awarokratie ist die bessere Demokratie

2.1. Alles wird immer besser

Manch ein Leser wird sich nun denken: „Das klappt niemals. Das Amt des Ausgleichers ist eine schöne Illusion. Menschen sind gierig, eifersüchtig und sie streiten gerne. Im Grunde sind wir immer noch Tiere. Der Kampf ist Teil unserer Natur. Die Menschen werden sich niemals ändern."

Das ist ein Irrtum. Die Menschen haben sich bereits geändert. In keiner Epoche der Geschichte fanden so wenige Kriege statt wie am Ende des 20. und zu Beginn des 21. Jahrhunderts; der Ostwestkonflikt ist beigelegt, die Zahl der Diktaturen hat erheblich abgenommen. Noch nie lebte ein so geringer Anteil der Weltbevölkerung in Armut, viele Krankheiten sind besiegt, in weiten Teilen der Welt hat sich ein ökologisches Bewusstsein entwickelt.

„Aber halt, wir erleben doch gerade eine Klimakatastrophe", wird der Pessimist einwenden. „Die Pole schmelzen, der Meeresspiegel steigt an, die Wüsten breiten sich aus, die Wälder sterben. Die Menschheit wird sich durch ihren unverantwortlichen Umgang mit klimaschädlichen Gasen selbst vernichten." Nein, wird sie nicht. Der Weltuntergang ist bereits viele Male vorhergesagt worden. Die Jahre 1999, 2000 und 2012 galten als sichere Termine für die Apokalypse – doch sie trat nicht ein. In den 1980er Jahren war das Waldsterben ein großes Thema in den Medien. „Experten" prophezeiten, dass der Schwarzwald zur Jahrtausendwende eine lebensfeindliche Wüste sein würde. Die Ankündigung hat sich als völliger Blödsinn erwiesen. Richtig ist, dass sich das Klima verändert – aber das hat es schon immer getan. Auch die Natur verändert sich – aber das hat sie schon immer getan. Bereits vor Ankunft des Menschen auf diesem

Planeten sind Millionen Arten entstanden und wieder ausgestorben. Das ist an sich noch kein Problem. Richtig ist allerdings auch, dass der Mensch an den jüngsten Entwicklungen erheblichen Anteil hat – und nicht jede Entwicklung ist positiv. Uns stehen jedoch ausgezeichnete Instrumente zur Verfügung, um den Kurs zu korrigieren.

Überall auf der Welt forscht man an alternativen Energiequellen. Heute drehen sich bereits unzählige Windräder, Millionen Dächer wurden mit Solarzellen ausgestattet, Wasserkraftwerke erzeugen seit langer Zeit Strom. Im Automobilsektor vollzieht man gerade die Umstellung von Verbrennungs- auf Elektromotoren, der öffentliche Nahverkehr wird ausgebaut, Gebäude erhalten eine bessere Isolierung. Eine große Herausforderung ist noch die Umstellung auf Kreislaufwirtschaft. Idealerweise wird bei der Herstellung von Waren bald kein Abfall mehr anfallen, sämtliche Produkte können wiederverwendet werden. Es ist nur noch eine Frage der Zeit, bis wir die ehrgeizigen Ziele umgesetzt haben.

Mit anderen Worten: Es geht ständig aufwärts – wobei dieses Wort eigentlich unpassend ist. Man sollte sich die Entwicklung der Menschheit nicht als ansteigende Kurve vorstellen, denn das beinhaltet die Gefahr, dass sich der eine dem anderen überlegen fühlt. Der Linke glaubt, er ist auf der Kurve bereits weiter nach oben geklettert als der Rechte, der das natürlich auch für sich beansprucht. Der Gläubige denkt, dass er aufgrund göttlicher Gnade über dem Atheisten steht, der ihm aufgrund wissenschaftlicher Erkenntnisse natürlich das Gegenteil beweisen kann. Der Benutzer von Bleistiften mit integrierten Radiergummis ist fest davon überzeugt, dass er ein höheres intellektuelles Niveau erreicht hat als derjenige, dessen Bleistifte von den Radiergummis getrennt sind, der aber glaubt, er mache gar nicht so viele

Fehler und es sei Verschwendung, jeden Bleistift mit einem kleinen Radiergummi an seinem Ende auszustatten. Jeder schaut auf den anderen herab.

2.2 Was ist Awarokratie?

Der Begriff Awarokratie ist von dem englischen Wort Awareness (Bewusstsein) abgeleitet. Die beste Metapher dafür (besser noch als die Treppe) ist die logarithmische Spirale. Bei einer Spirale steigt die Kurve nicht an, sondern sie dreht sich um ihr Zentrum. Die Besonderheit der logarithmischen Spirale besteht darin, dass sich mit jeder Umdrehung der Abstand zum Mittelpunkt um den gleichen Faktor verändert. Anders ausgedrückt: Die Spirale öffnet sich, sie weitet sich aus. Das bekannteste Beispiel dafür ist das Schneckenhaus. Mit zunehmendem Alter der Schnecke wird ihr Haus immer größer, der „Eingang" wird weiter. So sollten wir uns unser Bewusstsein vorstellen – das individuelle ebenso wie das kollektive. Wir steigen auf keiner Leiter oder Treppe empor, wir erreichen keine höhere Sphäre, wir drehen uns nur um uns selbst. Dabei weitet sich unser Bewusstsein, wir lassen mehr zu uns hinein, wir gewinnen an Wissen und Erfahrung, wir machen emotionale Fortschritte, wir werden reifer und weiser.

Aber weil wir nicht aufsteigen, kann auch niemand auf den anderen herabschauen. Keine Windung der Spirale ist wertvoller als eine andere. Die erste volle Umdrehung ist genauso wichtig wie die (vorerst) letzte, denn sie war notwendig, um den aktuellen Stand zu erreichen. In der Awarokratie ist man sich aller Windungen bewusst, man leidet nicht unter ihnen, man schämt sich nicht für sie. Stattdessen lernt man aus ihnen, man achtet und ehrt sie. Die Entwicklung ist unumkehrbar.

Beispiel: Wir setzen die Steinzeit mit der siebten Umdrehung gleich und das Mittelalter mit der zwanzigsten. Wenn wir uns heute (ebenso willkürlich angenommen) auf der vierzigsten Umdrehung befinden, dann müssen wir nicht befürchten, dass wir uns durch den Ausstoß von Klimagasen oder durch einen globalen Krieg selbst vernichten. Wir haben uns vom Mittelalter nicht in die Steinzeit zurückbewegt, und wir werden von der vierzigsten Umdrehung nicht auf den Anfang zurückspringen. Das ist unmöglich. Ein Schneckenhaus wird auch nicht plötzlich enger und sperrt seine Bewohnerin ein.

Zwischen diesen beiden Symbolen – der Treppe und dem Schneckenhaus – scheint kein großer Unterschied zu bestehen, doch das ist ein Irrtum. Das Gefühl der Überlegenheit, des „Höhergestelltseins" bringt Menschen dazu, anderen mit Verachtung und Hass zu begegnen. Wer mit all seinen Mitmenschen – auch den scheinbar dummen und bösen – auf gleicher Höhe steht, wird ihnen Verständnis und Wohlwollen entgegenbringen. Auch zur Pyramide zeigt sich ein deutlicher Unterschied: Wer an ihrer Spitze angekommen ist, glaubt, dass es nun nicht mehr weitergeht. Das Wachsen und Lernen hört jedoch niemals auf. Weil sich die Spirale immer weiter öffnet, werden wir immer größer, schöner und weiser.

Die Menschheit ist deshalb in den letzten Jahrhunderten auch nicht aufgestiegen, sondern hat dieselben Herausforderungen, mit denen wir regelmäßig konfrontiert werden, mit mehr Weisheit und Mitgefühl bewältigt. Wir lernen jeden Tag hinzu, unser Bewusstsein erweitert sich. Bald werden wir den nächsten großen Schritt machen, und das ist die Awarokratie. Die Idee dazu ist keineswegs neu, sie hat schon immer existiert – so wie alle anderen Ideen.

Alles war schon immer da

Im 21. Jahrhundert werden wir einige verblüffende Entdeckungen machen, eine davon wird die Multidimensionalität sein. Es existieren wesentlich mehr als die vier Dimensionen (Raum und Zeit), die uns heute bekannt sind. Wir selbst leben in vielen dieser Dimensionen, aber das ist nicht Thema dieser Abhandlung. Eine dieser Dimensionen ist das Reich der Ideen, das bereits von dem griechischen Philosophen Platon in seiner Ideenlehre beschrieben wurde. Sie besagt (stark vereinfacht), dass alle Ideen unabhängig vom menschlichen Bewusstsein existieren, aber auf geistigem Weg erkannt werden können. So gibt es nur eine Ursprungsidee vom Haus oder vom Pferd, nach dem alle Häuser und Pferde erschaffen wurden. Der Nachweis für das Reich der Ideen ist heute nur sehr schwer möglich, er gelingt am besten indirekt.

Der Maler Leonardo da Vinci entwarf bereits im fünfzehnten Jahrhundert einen Plan für den Bau eines Hubschraubers, obwohl ihm damals weder die geeigneten Materialien noch eine ausreichend starke Antriebsquelle zur Verfügung standen. Die Idee oder das Prinzip, durch einen waagerecht angeordneten Rotor Auftrieb zu erzeugen, existierte bereits vor der Entstehung der Zeit. Da Vinci hat sie nicht erschaffen (auch nicht die früheren Autoren, deren Texte er studierte), sondern lediglich sein Bewusstsein dafür geöffnet und sie mithilfe einer Zeichnung in seine Kultur übersetzt. Dabei unterlief ihm allerdings ein schwerwiegender Fehler. Er wollte seine Flugmaschine mit einer archimedischen Schraube antreiben, was aufgrund der geringen Dichte der Luft nicht funktionieren kann. Unsere modernen Hubschrauber nutzen stattdessen das Prinzip des Windmühlenflügels. Man sieht also, der Übersetzungsprozess ist durchaus anspruchsvoll. Viele Faktoren (Vorkenntnisse, kulturelle Prägung) verleiten zu Fehlern.

Deshalb wäre es grundfalsch, Zukunftsangst zuzulassen. Wir sollten vielmehr Zukunftsfreude empfinden. Auf den Gebieten der Energieerzeugung, der Erschließung von Wasservorkommen und der Produktion von Nahrungsmitteln sind einige großartige Lösungen für uns vorbereitet. Auch die Umweltverschmutzung wird bald kein Thema mehr sein. Das Bewusstsein weitet sich, vor uns allen liegt eine wunderbare Zukunft.

Im Zuge dieser Entwicklung sind natürlich auch Verluste zu verzeichnen. Einige Kräfte versuchen mit Gewalt, die Uhr zurückzudrehen. Sie gründen extremistische Vereinigungen, hetzen gegen Andersdenkende, begehen Terroranschläge. Es wird auch in den nächsten Jahrzehnten noch einige Aufstände und Kriege geben, aber ihr Einfluss auf das globale Geschehen wird gering sein. Der Fortschritt lässt sich nicht aufhalten.

2.3 Wie verhält sich der Awarokrat?

Awarokratie ist kein Glaubenssystem und keine Doktrin, sondern eine erweiterte Wahrnehmung, ein Gefühl der Anteilnahme und Fürsorge. Deshalb ist der Awarokrat auch kein Gläubiger und kein Anhänger einer bestimmten Ideologie, er muss nicht beten, nicht missionieren, keine Versammlungen abhalten, kein Protokoll führen und keine Mitgliedsbeiträge bezahlen. Er ist sich bewusst darüber, wie die Dinge funktionieren, er kennt die Zusammenhänge, er weiß, was sinnvoll ist und was nicht. Der Awarokrat sieht sich selbst als Teil einer größeren Gemeinschaft, in der niemand besser, wichtiger oder wertvoller als ein anderer ist und niemand über dem anderen steht. Ein Mensch mit einem solchen Bewusstsein hat keine Feinde – auch wenn andere ihn als Feind betrachten.

Beispiel: In einem beliebigen Land radikalisieren sich junge Männer. Über das Internet lauschen sie den Worten eines Hasspredigers, sie besuchen seine Versammlungen, brüllen Parolen, schwenken die eigene Flagge, verbrennen gegnerische Flaggen. Einige schreiben Artikel oder drehen Filme, in denen zu Gewalt aufgerufen wird, andere folgen den Aufrufen, sie attackieren ihre Gegner oder zünden deren Häuser an. Unreife Menschen würden jetzt fordern, dass man die radikalen jungen Männer alle einsperren oder besser noch ihr Land bombardieren soll.

Ein Awarokrat würde das nicht tun, denn er weiß, dass das Problem damit nicht gelöst wäre. Besser ist es, wenn man nach den tieferen Ursachen für ihr Verhalten sucht und sie auflöst. Oftmals liegt es an mangelnden Perspektiven. Für die jungen Männer stehen nicht genügend Ausbildungs- und Arbeitsplätze zur Verfügung, sie haben keine Aussicht auf eine bezahlbare Wohnung, sie wissen, dass es ihnen nicht möglich sein wird, eine Familie zu gründen. Frustration und Wut machen sich breit. In einer solchen Lage haben Rattenfänger leichtes Spiel.

Ein weiser Mensch beantwortet Wut nicht mit Wut. Stattdessen wird er versuchen, die Lage der jungen Männer zu verbessern, etwa durch Bildungsangebote, durch sozialen Wohnungsbau, durch gezielte Wirtschaftsförderung, durch Abbau von Handelsschranken. Der Awarokrat schreckt aber auch nicht vor schwierigen, politisch unkorrekten Themen zurück. Wenn in einem Land die Entwicklung durch Korruption und Vetternwirtschaft gehemmt wird oder wenn die natürlichen Reichtümer von einer kleinen, korrupten Elite ausgebeutet werden, verschließt er davor nicht die Augen, sondern er spricht die Probleme an und drängt auf

Lösungen. Wenn es unvermeidlich ist, greift er auch zu Sanktionen.

Der Awarokrat ist nicht naiv oder weltfremd. Er begegnet grundsätzlich jedem Menschen mit Wohlwollen, aber er lässt sich nicht ausnutzen, und er verhindert ebenso, dass Errungenschaften wie etwa das Asylrecht missbraucht werden. Er toleriert auch keine Gewalt, weder psychische noch physische, und lässt auch keine Ausbeutung von Wehrlosen zu. Der Awarokrat wird eine Fülle von Maßnahmen dagegen ergreifen, eigene Gewaltanwendung steht dabei erst an letzter Stelle. Das Ziel ist die Schaffung einer Zivilisation mit einem umfassenden Bewusstsein, in der es keine übersteigerte Angst und keine Wut gibt, woraus Gier, Ausbeutung und Gewalt erwachsen können. Der Weg dorthin ist nicht mehr weit. Alle Antworten auf unsere Fragen sind bereits gegeben worden – wir müssen uns nur dafür öffnen.

2.4 Politik in der Awarokratie

Das Thema Politik wurde im ersten Teil dieses Buches bereits ausführlich behandelt, deshalb hier nur eine kurze Erläuterung. In der Awarokratie sind alle wichtigen Posten mit Ausgleichern besetzt. Sie erschaffen ein Klima des Mitgefühls und des gegenseitigen Wohlwollens. Bei Diskussionen und Abstimmungen herrscht ein konstruktiver Wettbewerb.

Beispiel: Ein Parlament debattiert über den Abbau von unnötiger Bürokratie. Partei A macht einen Vorschlag, mit dem jährlich eine Milliarde Euro gespart werden können. Partei B macht einen Vorschlag, der drei Milliarden Ersparnis bringt. Es ist absehbar, welches der beiden Konzepte beschlossen wird. Die Abgeordneten von Partei B greifen den Vorschlag von Partei A nicht an, weisen nicht auf seine Schwachstellen hin und empfinden kein Überlegenheitsgefühl gegenüber ihren Kollegen. Die Abgeordneten von Partei A gratulieren ihren Mitbewerbern zu dem Erfolg, sie empfinden weder Neid noch ein Gefühl der Minderwertigkeit. Sie wissen, dass sie zu dem Ergebnis beigetragen haben und dass sie als Steuerzahler letztlich von dem besseren Vorschlag profitieren werden.

In der Awarokratie werden sich die Ausgleicher auf lange Sicht selbst abschaffen. Jeder versteht den Prozess, jeder weiß, wie er persönlich zum Erfolg beitragen kann und welche Fehler zu vermeiden sind. Awarokratie ist Bewusstheit in ihrer höchsten Form.

2.5 Kultur in der Awarokratie

Dies ist zweifellos das schwierigste Kapitel des Buches, weil letztlich alles Kultur ist. Die Art, wie wir miteinander umgehen, wie wir unsere Mitgeschöpfe behandeln, wie wir Politik machen, wie wir unsere Wirtschaft gestalten, welche Nachrichten wir verbreiten, wie wir unsere Geschichte betrachten – all das ist Ausdruck des kulturellen Feldes, auf dem wir uns befinden. Deshalb ist es sinnvoll, wenn wir erst einmal analysieren, wovon unsere Kultur geprägt wird. Dabei werden uns einige Symbole behilflich sein.

2.5.1 Gefühle und Gedanken

Wann kommt die Menschheit endlich zur Vernunft? Wann sind die Menschen so schlau, dass sie den Frieden wahren, die Umwelt schützen und für soziale Gerechtigkeit sorgen? Dies sind wohl einige der am häufigsten und drängendsten gestellten Fragen unserer Gegenwart. Die Antwort darauf lautet: niemals. Eine rein gedankliche, eine ausschließlich erkenntnisbasierte Vernunft existiert nicht. Die Ursache all unserer Probleme liegt darin, dass die Grundlage der menschlichen Existenz bisher nicht erkannt wurde. Sie besteht nicht aus Gedanken, aus einem nüchternen, klaren Verstand, der uns von den Tieren unterscheidet, sondern aus Gefühlen. Unsere Wirklichkeit ist vor allem eine gefühlte, weniger eine gedachte.

Zur Verdeutlichung dieser These genügt eine kurze Betrachtung unserer Zivilisation. Unternehmen wir einmal einen Spaziergang durch eine beliebige Stadt, irgendwo auf diesem Planeten. Zunächst richten wir unseren Blick auf die Straße. Wir sehen Busse, Lastwagen und Motorräder, hauptsächlich aber Autos. Eine Fülle unterschiedlicher Modelle ist unterwegs, sie teilen sich auf in Kleinwagen, Limousinen, Kombis, Minibusse, Cabrios, Sport- und Geländewagen. Bei Letzteren verweilen wir einen Augenblick. Geländewagen in der Stadt? Wozu braucht man Allradantrieb und hohe Bodenfreiheit in einem perfekt ausgebauten Straßensystem? Bei den meisten dieser Fahrzeuge handelt es sich um sogenannte SUV (Sport Utility Vehicles), die echten Geländewagen nur optisch nachempfunden sind, meist keine Getriebereduktion und keine Differentialsperren besitzen, der Antrieb erfolgt oft nur über eine Achse, und die Wattiefe und die Achsverschränkung sind sehr gering. Ein SUV ist also ein Blender, der vorgibt etwas zu sein, was er nicht ist.

SUV gelten als besonders umweltschädlich, was u. a. daran liegt, dass sie wegen ihrer Höhe eine größere Stirnfläche besitzen als normale PKW, was die Aerodynamik verschlechtert und den Verbrauch erhöht. Außerdem sind diese Fahrzeuge oft groß, schwer und unnötig stark motorisiert, Leistungen von über dreihundert PS sind nicht ungewöhnlich. Besonders lächerlich erscheinen die Sportmodelle unter den SUV, deren Fahrwerke etwas niedriger eingestellt sind. Erst baut man ein Auto höher, um es anschließend tieferzulegen – das ist schon Realsatire.

Schauen wir kurz ins Innere hinein. Meist sehen wir eine Person in den SUV, manchmal zwei, nur selten sind alle Plätze belegt. Die eine Person ist üblicherweise auf dem Weg zur Arbeit oder sie fährt zum Einkaufen. Nach dem Einkauf befinden sich zwei oder drei Tüten mit Lebensmitteln im Kofferraum, die ein Gewicht von vielleicht 10 oder 15 Kilogramm haben. Und dafür braucht man ein Auto mit einem Leergewicht von zwei Tonnen, einer Nutzlast von 700 Kilogramm und einer Zugkraft von 3.500 Kilogramm? Als vernünftig kann man das nicht bezeichnen. Warum kaufen aber so viele Menschen Autos dieser Klasse? Weil sie Sicherheit und Überlegenheit versprechen. Man hat das Gefühl, man säße in einer rollenden Burg und könnte sich damit gegen die modernen Drachen verteidigen.

Nun besitzt selbstverständlich nicht jeder Autofahrer einen massigen Pseudogeländewagen, die meisten fahren andere, kleinere Typen. Dennoch zeigt sich hier ein interessantes Phänomen. Viele Autofahrer, in der Regel handelt es sich um Männer, kaufen Autos, die sie im Grunde nicht brauchen und die sie sich oft auch nur mit Mühe leisten können. Diese Autos sind mit leistungsstarken Motoren ausgestattet und erreichen Geschwindigkeiten, die in den meisten Ländern nicht gefahren werden dürfen. Welchen Sinn erfüllt ein Auto, das über 200 km/h schnell ist, wenn das Tempolimit bei 120 km/h liegt? Natürlich ließe sich einwenden, man könnte damit auf eine Rennstrecke fahren, doch diese schnellen Autos sind auf Rennstrecken genauso häufig anzutreffen wie SUV abseits befestigter Straßen.

Mit hoher Motorleistung allein sind diese Männer meist nicht zufrieden, sie verlangen auch eine Armada elektrischer Helfer, die ihnen selbst einfachste Tätigkeiten abnehmen, bis hin zum Scheibenwischer, der sich bei Regen automatisch anschaltet. Dazu begehren sie noch eine Lederausstattung, Leichtmetallfelgen, ein gekühltes Handschuhfach und einen beleuchteten Kofferraum, und wenn es irgendwie geht, muss all das unter einem bekannten Markenzeichen zusammengefasst sein. Dabei ist es rein technisch betrachtet vollkommen egal, ob sich auf dem Kühlergrill ein funkelnder Stern oder ein rostiger Nagel befindet.

Wenden wir nun unseren Blick auf den Bürgersteig. Dort begegnet uns ein ganz ähnliches Phänomen, nur dass dieses nicht mit PS-Zahlen und Beschleunigungswerten protzt, sondern mit edlen Stoffen und ausgefallenen Schnitten. Viele Frauen kaufen Kleider und Accessoires, die sie im Grunde nicht brauchen und sie sich oft nur mit Mühe leisten können. Welchen Sinn erfüllt eine Handtasche, die einen halben Monatslohn kostet, aber nicht halb so viel Inhalt aufnehmen kann wie eine gewöhnliche Baumwolltasche? Weshalb tragen Frauen Schuhe mit hohen Absätzen, obwohl Orthopäden dringend davon abraten? Weshalb sitzen sie stundenlang beim Friseur und lassen sich die Haare waschen, schneiden, färben und in eine Form bringen, die selbst von ihren Ehemännern nicht als neu erkannt wird? Weshalb tragen sie echte Perlen und Edelsteine, obwohl gewöhnliche Steine und Glasperlen denselben Zweck erfüllen würden?

Und hier eine Frage für beide Geschlechter: Wozu braucht man eine Armbanduhr, die bis 300 Meter Tiefe wasserdicht ist, wenn der Träger oder die Trägerin der Uhr nicht mal das Seepferdchenabzeichen besitzt?

All das ist auf dasselbe Prinzip zurückzuführen: auf das Ausleben von Gefühlen. Vordergründig geht es um Eitelkeit und Imponiergehabe, um das Erreichen und Sichern einer sozialen Position. Anders ausgedrückt: um den Platz in der Pyramide. Die tiefere Ursache ist jedoch Angst. Menschen tragen eine Vielzahl von Ängsten mit sich herum, Angst vor Arbeits- und Obdachlosigkeit, vor Krankheit und Hunger, vor dem Alleinsein und dem Tod. Diese Ängste versuchen sie wettzumachen, indem sie gegenüber anderen und gegenüber sich selbst möglichst jung, kräftig und schön erscheinen wollen. Deshalb fahren Männer große Autos und tragen Frauen teure Kleider. Diese Behauptung muss nicht mit Statistiken und Untersuchungen belegt werden, jeder kann sie an sich selber nachvollziehen, wenn er wachen Auges durch eine Stadt geht und dabei auf seine Gefühle achtet. Wer erscheint uns attraktiver, zu wem fühlen wir uns hingezogen? Zu dem Mann in dem neuen SUV oder zu jenem in dem rostigen Kleinwagen? Zu der schlanken Frau im Minirock oder zu jener dicken in der Kittelschürze?

Gefühle sind die Basis

Gefühle werden jedoch nicht nur am eigenen Leib erfahren, sie werden auch stellvertretend in den Leben anderer erfahren, den Leben realer und fiktiver Personen. Wir setzen unseren Spaziergang fort und gelangen zu einem Kinocenter. In den Schaukästen hängen Plakate und Szenenfotos, mit denen für Krimis, Melodramen, Abenteuerfilme und Komödien geworben wird, die Menschen auf den Bildern lieben und hassen, sie lachen und weinen. Jeder Zuschauer durchlebt diese Gefühle beim Betrachten der Filme, jedoch hat er die Gewissheit, dass nach zwei Stunden alles vorbei ist und er in sein eigenes Leben zurückkehren kann.

Ein Stück weiter befindet sich eine Buchhandlung, deren Regale überquellen vor Liebes-, Kriminal- und Historienromanen. Sie werden aus denselben Gründen gekauft, aus denen Filme gesehen werden. Nebenan stapeln sich Sachbücher, die aber gar nicht so sachlich sind, wie der Name vorgibt. Menschen kaufen keine Bildbände über ferne Länder, um etwas über sie zu lernen, sondern um etwas über sich selbst zu erfahren, um sich wahlweise von den eigenen Problemen fortzuträumen oder sich zu bestätigen, wie viel besser das Leben im eigenen Land ist, verglichen mit den Problemen der anderen.

An dieser Stelle könnte man vielleicht einwenden, dass Gefühle Privatsache seien und nicht auf kollektiver Ebene ausgelebt werden. Das ist ein Irrtum. Gefühle beschränken sich keineswegs auf einzelne Personen, in Gemeinschaften erreichen sie eine eigene Qualität. Von Paaren und Familien werden sie ebenso erlebt wie von Fußballmannschaften, Kegelvereinen und Kirchenchören, aber auch von politischen Parteien und Belegschaften von Unternehmen, sie werden sogar von ganzen Völkern wahrgenommen.

Besonders deutlich wird dies in der Politik. So ist der Irak-Krieg von 2003 auf verletzte Gefühle zurückzuführen. Ursächlich waren hierfür die Anschläge des 11. Septembers, die in der amerikanischen Bevölkerung mehrheitlich Empörung, Wut und Angst auslösten. Anschließend teilte sich das allgemeine Empfinden. Eine Gruppe lebte Trauer und Mitgefühl aus, eine andere empfand den Wunsch nach Rache und Vergeltung. Als Folge daraus entstand der sogenannte Krieg gegen den Terror, der wiederum zum Ausleben vieler weiterer Gefühle führte.

Selbst die Lebensbereiche, in denen die handelnden Personen gemeinhin als besonders rational denkend gelten, Wirtschaft und Wissenschaft, sind von Gefühlen durchdrungen. Das Streben nach wissenschaftlichen Erkenntnissen beruht auf einer Mischung aus Neugierde, Ehrgeiz und Angst vor dem Unbekannten, und dass die Gier eine Hauptantriebskraft der Wirtschaft ist, wissen wir nicht erst seit der Bankenkrise von 2008.

Gedanken unterstützen uns

All diese Beispiele dürften die eingangs formulierte These, wonach Gefühle die Grundlage unserer menschlichen Existenz bilden, hinlänglich bewiesen haben. Gedanken spielen dabei nur eine untergeordnete Rolle, sie sind Konstruktionen, die uns helfen, unsere Gefühle auszuleben. Im Grunde ist es nicht von Bedeutung, ob ein Mann einen Sport- oder einen Geländewagen fährt, oder ob eine Frau ein blaues oder ein rotes Kleid trägt. Wichtig ist allein der emotionale Wert, den wir diesen Taten beimessen. Die Gefühle geben den Gedanken ihre Bedeutung, nicht umgekehrt.

Als Schlussfolgerung daraus sollte man jedoch keinesfalls versuchen, die Gefühle zu überwinden oder zu unterdrücken. Dies führt nur dazu, dass sie an anderer Stelle ausbrechen, manchmal mit verheerender Wirkung. Als Beispiel sei unterdrückte Sexualität genannt, ein Problemfeld, das Psychologen, Polizisten und Juristen überall auf der Welt beschäftigt.

Gefühle sind grundsätzlich nicht schlecht oder schädlich, im Gegenteil, sie sind in jedem Fall ungeheuer wertvoll und gewinnbringend. Gefühle sind die Hauptantriebskraft der Menschheit, sie verleiten uns dazu, all unsere kleinen und großen Taten zu vollbringen. Kein Sportler würde jahrelang trainieren, wenn er nicht das Hochgefühl im Moment des Triumphes über sich selbst oder einen Gegner genießen könnte. Kein Mann würde ausdauernd und fantasievoll um eine Frau werben, wenn es ihm nur um die Erhaltung der Art ginge – dieses Ziel kann man auch einfacher erreichen. Und kein Mensch würde sich ohne Gefühle morgens die Haare kämmen, denn ungekämmt zur Arbeit zu gehen ist viel rationaler. Ohne Gefühle wären wir seelenlose Roboter, mehr nicht.

In der Awarokratie ist man sich über dieses Grundprinzip menschlichen Seins bewusst. Gefühle sind unsere wahre Realität.

2.5.2 Gut und Böse

Zu den größten und unsinnigsten Mythen der Menschheit zählt die Vorstellung, an allen Orten und zu allen Zeiten fände ein Kampf zwischen guten und bösen Mächten statt, bei dem die guten zwar immer leicht im Vorteil seien, den sie jedoch niemals endgültig gewinnen können, weil das Böse einer der beiden Pole einer bipolaren Welt ist, ähnlich wie Mann und Frau, Arm und Reich, Krieg und Frieden oder Tag und Nacht. Verbunden damit ist die unterschwellige Vorstellung, die Welt würde aus dem Gleichgewicht geraten, falls einer der beiden Pole verschwinden sollte.

Daran erkennt man, in welch früher zivilisatorischen Phase wir uns befinden, man erkennt es noch deutlicher als etwa an der Zerstörung von Umwelt und Natur, denn die wurde immerhin schon als schädlich begriffen. Der Kampf Gut gegen Böse hingegen ist fester Bestandteil unserer Kultur, er durchdringt viele Lebensbereiche – und genau das ist das Problem. Der Mythos wird gepflegt, ausgebaut, variiert und immer wieder neu inszeniert, wodurch er den

Charakter einer sich selbst erfüllenden Prophezeiung gewinnt. Einbildung schafft Wirklichkeit.

Bereits Kinder werden mit der Wahnidee des Bösen konfrontiert, etwa wenn im Märchen eine böse Hexe auftritt, die Untaten vollbringt und dafür zum Schluss die – scheinbar – gerechte Strafe, den Tod, erhält. Auch in der Politik ist die Idee des Bösen allgegenwärtig, obwohl sie meist verkleidet daherkommt, zum Beispiel in der Parole vom „Krieg gegen den Terror".

Nur wenige Politiker haben den Mut, die Dinge offen zu benennen. Der amerikanische Präsident Ronald Reagan sprach vom „Reich des Bösen" und meinte damit die damalige Sowjetunion, einer seiner Amtsnachfolger, George W. Bush, fasste ihm missliebige Staaten zur „Achse des Bösen" zusammen. Auch die Wissenschaft ist von diesem Virus befallen. Die Philosophin Hannah Arendt nannte ihr wohl bekanntestes Buch, das sich mit dem Prozess gegen Adolf Eichmann befasst, einen „Bericht von der Banalität des Bösen", eine ihrer Vortragsreihen trug den Titel „Über das Böse".

Schon diese kurze Einführung macht deutlich, worum es geht. Die Begriffe klingen nach Kinderrhetorik, immer schwingt ein Hauch von „Rotkäppchen und der böse Wolf" mit. Das Böse ist das, was wir nicht verstehen, was uns Angst macht. Weil wir es nicht erfassen und durchschauen können, bündeln wir es in einer Projektionsfläche. Dabei kann es sich um ein Land oder eine Person handeln, beides kann real oder fiktiv sein, in jedem Fall aber geht es darum, Gefühle auszuleben.

Die Handlungsmuster sind immer gleich. Zunächst sehen wir ein unschuldiges Opfer: Rotkäppchen wandert durch den dunklen Wald. Dann erscheint das Böse: Auftritt des Wolfes. Das Verhängnis nimmt seinen Lauf, Großmutter und Rotkäppchen werden vom Wolf überwältigt. Doch zum Glück gibt es eine Gegenkraft, das Gute, in diesem Fall repräsentiert durch den Jäger. Er befreit die unschuldigen Opfer und führt den Übeltäter seiner „gerechten" Strafe zu.

Dieses Märchen existiert auch in einer verschärften Form, zuweilen wird aus dem Wolf ein Drachen, aus dem Haus der Großmutter ein Dorf, sogar ein ganzer Landstrich. Um den Drachen zu besänftigen, müssen Jungfrauen geopfert werden. Für sie gibt es keine Hoffnung, sie sind die Opfermasse, die der Geschichte eine besondere Dramatik verleiht. Der Opfergang ereignet sich so lange, bis ein Weißer Ritter auftaucht und dem Spuk ein Ende bereitet, indem er den bösen Drachen unter übermenschlichen Anstrengungen zur Strecke bringt.

Natürlich wissen wir, dass auch der Weiße Ritter seine dunklen Seiten hat. Er ist ein Maulheld und ein Lügner, ein Raufbold und ein Dieb. Wir kennen die Geschichten, die über ihn erzählt werden. Aber wir ignorieren sie. Hauptsache, er beschützt uns. Seine Verbrechen stören uns nicht – sofern er sie im Nachbardorf begeht.

Das Casablanca-Prinzip

Um es vorweg zu nehmen: Es besteht kein Zweifel daran, dass Deutschland den Zweiten Weltkrieg begonnen hat und dass deutsche Staatsbürger die Völkermorde an den Juden, den Sinti und Roma begangen haben. Trotzdem muss die Frage erlaubt sein, wie das NS-Regime (bzw. die japanische Militärdiktatur) an die Macht gelangen konnte, wer wissentlich und unwissentlich dazu beigetragen hat. Davon handelt dieser Abschnitt des Buches.

Das Märchen von Gut und Böse wird in unzähligen Versionen erzählt, nicht nur für Kinder, auch für Erwachsene. Der Film Casablanca (USA, 1942) zählt zu den meistgesehenen und höchstprämierten der Filmgeschichte. Meist wird er als Melodram oder Liebesfilm bezeichnet, beides ist jedoch falsch. Tatsächlich ist Casablanca das genaue Gegenteil – er ist ein Hassfilm. Gedreht wurde er in Zusammenarbeit mit dem United States Office of War Information (OWI). Während des Zweiten Weltkriegs war es Aufgabe dieser US-Behörde, Kriegsinformationen und Propaganda zu verbreiten (siehe Quellenverzeichnis, Eintrag Nummer 1).

Zu diesem Zweck unterhielt das OWI ein Bureau of Motion Pictures (geleitet von dem Verleger Nelson Poynter), das Filme bewertete, an Konferenzen zur Vorproduktion teilnahm und die Dreharbeiten überwachte. Die Beamten übten Druck auf die Filmemacher aus, woraufhin diese Drehbücher und Filme änderten, unliebsame Projekte wurden gänzlich fallengelassen. Das politische Ziel bestand darin, Menschen aufzuhetzen und für den Krieg zu begeistern. Junge Männer sollten sich zu den Waffen melden, junge Frauen dem Sanitätsdienst beitreten, und jeder finanzkräftige Bürger sollte Kriegsanleihen zeichnen.

Schnell ein paar Worte zum Inhalt: Der Amerikaner Rick Blaine (gespielt von Humphrey Bogart) betreibt in Casablanca einen Nachtclub. Während des Krieges erscheint dort überraschend die Schwedin Ilsa Lund (Ingrid Bergman), mit der Rick einst eine Liebesaffäre verband. Ilsa erklärt, sie sei mit dem tschechischen Widerstandskämpfer Victor Laszlo (Paul Henreid) verheiratet, beide würden vom deutschen NS-Regime verfolgt. Ricks und Ilsas Gefühle füreinander flammen wieder auf. Weil Rick im Besitz zweier Transitvisa ist, könnten sie das Land per Flugzeug verlassen. Der französische Polizeichef Capitaine Renault (Claude Rains) ist auf der Suche nach den Visa, um den

Mord an zwei deutschen Kurieren aufzuklären. Kurz vor dem Abflug übergibt Rick die Visa an Victor und Ilsa. Major Strasser (Conrad Veidt), ein deutscher Offizier, versucht den Start des Flugzeugs zu verhindern. Rick tötet Strasser, Victor und Ilsa entkommen in die Freiheit. Capitaine Renault wird den Mord an Strasser jedoch nicht aufklären, sondern die „üblichen Verdächtigen" verhaften lassen. Rick und Renault werden Freunde.

Die Geschichte klingt nach einem gewöhnlichen Filmstoff. Was soll daran schlimm sein? Am besten versteht man es, wenn man sich eine zentrale Szene in Erinnerung ruft. In der Mitte des Films singt Major Strasser mit seinen Soldaten in Ricks Bar ein Lied. Victor Laszlo unterbricht den Vortrag, indem er die Kapelle anweist, die Marseillaise zu spielen. Mehr und mehr Gäste stimmen in den Gesang ein, bis nur noch die französische Nationalhymne zu hören ist. Scheinbar ein klarer Fall: Unschuldige Opfer erringen einen heroischen Sieg gegen die alleinigen Verursacher eines furchtbaren Krieges.

Falsch. Denn eine wichtige Frage wird in der Bewertung des Films fast immer ausgelassen: Welches Lied singen Major Strasser und seine Soldaten? Die meisten Menschen würden wahrscheinlich antworten: Irgendein Nazi-Lied. Wieder falsch. Die korrekte Antwort lautet: Die Wacht am Rhein. Dieses Lied entstand nicht erst in den 1930er Jahren, sondern fast 100 Jahre zuvor.

Anlass war die Rheinkrise von 1840. Damals versuchten französische Politiker wieder einmal, ihren Herrschaftsbereich nach Osten, in Richtung Deutschland auszudehnen. Der Regierung unter Ministerpräsident Adolphe Thiers war es zuvor nicht gelungen, den östlichen Mittelmeerraum zu französischem Einflussgebiet zu machen (Orientkrise). Zum Ausgleich forderten sie, den Rhein als natürliche Ostgrenze

Frankreichs festzulegen (QV 2). Damit wären dem deutschen Volk alle links-rheinischen Gebiete verloren gegangen, einschließlich der Städte Köln, Bonn, Koblenz, Mainz, Worms und Speyer.

Diese Forderung löste in den deutschen Kleinstaaten große Besorgnis aus, denn man erinnerte sich noch sehr genau an die vielen französischen Kriege, die auf deutschem Boden stattgefunden hatten. Als Reaktion darauf wurden zahlreiche patriotische Gedichte und Lieder geschrieben – eines davon war Die Wacht am Rhein. Somit trugen die Franzosen – wenn auch ungewollt – erheblich zur Gründung des deutschen Nationalstaates bei.

Ebenso selten wird der Ort der Handlung näher betrachtet. Der Film spielt in Casablanca, der Hauptstadt von Französisch-Marokko. Der Staat Marokko existierte damals offiziell nicht, sein Territorium war aufgeteilt zwischen Spanien und Frankreich. Die Marokkaner kämpften jedoch um ihre Unabhängigkeit, seit 1893 kam es zu drei großen Aufständen, die von den Besatzern blutig niedergeschlagen wurden. Während des Rif-Krieges von 1921 bis 1926 setzten die Spanier sogar Giftgas ein, sowohl gegen feindliche Kämpfer als auch gegen die Zivilbevölkerung (QV 3, 4). Diese Verbrechen ereigneten sich gerade einmal zwanzig Jahre vor der Handlung des Films, werden aber mit keinem Wort erwähnt. Marokkaner sind lediglich Statisten in Casablanca.

Victor Laszlo ist Tschechoslowake. Ist wenigstens er ein unschuldiges Opfer? Nein, auch nicht. Unstrittig ist, dass die Wehrmacht 1938 das Sudetenland besetzte und 1939 in die Rest-Tschechei einfiel, die Bevölkerung litt anschließend unter einem Terrorregime. Doch auch das ist wieder einmal nicht die ganze Geschichte. Nach 1913 verstießen die Tschechoslowaken vehement gegen die Minderheitenrechte, trotz internationaler Abkommen. Vor allem die Sudetendeutschen hatten darunter zu leiden. Ihr Land wurde enteignet und an Tschechen verteilt, ihre Schulen geschlossen, deutsche Beamte aus dem Staatsdienst entlassen und vieles mehr (QV 5, 6, 7, 8, 9). Victor Laszlo wurde mit Sicherheit Zeuge dieser Ereignisse. Doch was tat er zum Schutz der Minderheiten in seinem Land?

Und was ist mit Rick Blaine? Ist er der typische amerikanische Held? Nur in der Fiktion. Laut Film hat Rick 1935 Waffen nach Äthiopien geschmuggelt und 1936 im Spanischen Bürgerkrieg gekämpft, natürlich auf der „richtigen" Seite. So sehen sich die Amerikaner am liebsten, stets sind sie die Bewahrer von Frieden, Freiheit und Menschenrechten. Auf einige US-Bürger trifft dieser hohe Anspruch ohne jeden Zweifel zu, aber längst nicht auf alle. Antisemitismus war und ist auch in den USA anzutreffen. Der Automobilpionier Henry Ford tat sich besonders unrühmlich hervor, indem er die These der jüdischen Weltverschwörung in Zeitungsartikeln und einem Buch verbreitete. Adolf Hitler las die deutsche Übersetzung und bezeichnete das Werk als große Inspiration (QV 10). Während der gesamten zwölf Jahre, die das Tausendjährige Reich existierte, machten amerikanische Unternehmen glänzende Geschäfte mit den Nazis, u. a. Ford, General Motors und IBM.

All diese Tatsachen werden in dem Film nicht erwähnt, nicht einmal angedeutet. Major Strasser und seine Kameraden haben keine Vorgeschichte und keinen Grund, der ihre Handlungen – aus ihrer Sicht – rechtfertigt. Sie sind einfach nur dumm, böse und brutal. Die Schöpfer von Casablanca brachten es fertig, den deutschen Nationalismus und Imperialismus anzuklagen – verschwiegen dabei aber den

Nationalismus und Imperialismus der Franzosen, Tschechoslowaken und Amerikaner.

Damit werden unterschwellig mehrere Botschaften übermittelt. Man kann sie unterscheiden in gedankliche und emotionale Aussagen. Die gedanklichen Kernaussagen lauten: Die Welt ist in einen guten und einen bösen Teil gespalten. Und: Das Böse hat keine Ursache. Daraus lässt sich ableiten: Denke nicht nach! Stelle keine Fragen! Vertraue den Guten! Bekämpfe die Bösen! Sei wachsam! Gewalt ist gut!

Die emotionalen Kernaussagen von Casablanca lauten: Habe Angst! Sei wütend (über die Taten des Drachens)! Sei beruhigt (danke dem Weißen Ritter)! Die Liebesgeschichte zwischen Rick und Ilsa, die scheinbar im Mittelpunkt steht, ist lediglich der Köder, mit dem die Zuschauer angelockt werden.

Auch das Menschenbild, das der Film verbreitet, ist höchst fragwürdig. Alle starken Rollen werden von weißen Männern gespielt. Ingrid Bergman ist der Prototyp einer unselbstständigen Frau, die ihre männlichen Partner abwechselnd anhimmelt oder sich ihnen unterwirft. Dooley Wilson, der den Barpianisten spielt und das berühmte As Time Goes By singt, übernimmt die typische Rolle eines Schwarzen: die einer Hilfskraft.

Deshalb ist Casablanca keineswegs ein schlechter Film. Im Gegenteil, er erfüllt seine Aufgabe perfekt. Die Aufgabe besteht darin, Menschen aufzuhetzen und für den Krieg zu begeistern. Das gelang im Jahr 1942, und es gelingt Jahrzehnte später immer noch. Wer heute Casablanca sieht, wird sagen, dass der Krieg der Alliierten richtig war. Und der nächste Krieg im Land X oder Y wird ebenso richtig sein, denn auch da und dort gibt es böse Menschen, die schlimme Dinge tun.

Warum schaffen wir es nicht, den ewigen Kreislauf zu durchbrechen? Weil diejenigen, die heute politische Verantwortung tragen, mit Casablanca aufgewachsen sind. Und nicht nur mit diesem Film, auch mit zahllosen weiteren Filmen, Fernsehsendungen, Büchern, Theaterstücken und Zeitungsartikeln, die alle dieselben Aussagen wiederholen. Auch Künstler, Journalisten und Wissenschaftler sind damit aufgewachsen, sie haben die Botschaften tief verinnerlicht. Natürlich gab es das Casablanca-Prinzip schon lange vor 1942, und es ist nicht nur auf den westlichen Kulturraum beschränkt. Jede Epoche und jede Kultur hat ihr Casablanca.

2.5.3 Alles hängt mit allem zusammen

Das Wesen des Märchenerzählens besteht darin, wenige bekannte Grundmuster ständig zu wiederholen. Ein Märchen einer späteren Epoche ist der Film Pearl Harbor (USA, 2001), der die Struktur von Casablanca nur leicht abwandelt. Das ist zugleich das Beschämende daran: Obwohl zwischen beiden Filmen mehr als ein halbes Jahrhundert liegt, ist kein inhaltlicher Fortschritt erkennbar. Lediglich die Technik hat sich verbessert.

Auch hier zunächst eine kurze Zusammenfassung. Pearl Harbor zeigt (nach einem quälend langen Prolog) Bilder vom Leben auf den Hawaii-Inseln, Kinder spielen Baseball, Erwachsene verrichten ihre Arbeit, alle sind fröhlich und arglos. Die Filmemacher gehen so weit, die weibliche Hauptfigur in eine weiße Schwesterntracht zu kleiden, eine nicht zu übersehende, geradezu aufdringliche Symbolik. Es folgt der Auftritt des bösen Drachens: Die japanische Flotte nähert sich den Inseln. Dieses Ungeheuer kann nicht nur schwimmen und fliegen, es spuckt sogar Feuer, wie kurz darauf die explodierenden Bomben beweisen.

Doch zum Glück gibt es ja noch den Weißen Ritter – in diesem Märchen übernimmt die amerikanische Armee seine Rolle. Zwei Piloten, die sich seit Kindertagen kennen und um dieselbe Frau buhlen, jene bereits erwähnte Krankenschwester, gelingt es, mit ihren Flugzeugen aufzusteigen und im heldenhaften Kampf wenigstens ein paar der Angreifer abzuschießen. Die eigentliche Bestrafung des Ungeheuers erfolgt erst später, wenn die japanische Hauptstadt Tokio bombardiert wird. Mit dem Angriff sollen natürlich die vermeintlichen Verursacher des Krieges zur Verantwortung gezogen werden. Dass dabei auch zahllose Zivilisten ihr Leben verlieren, nehmen die Weißen Ritter in Kauf – Opfermasse.

Auch das klingt zunächst harmlos, ja geradezu lächerlich. Man könnte den Film beiseite schieben mit dem Argument, seine Symbole seien leicht zu durchschauen, die Figuren stereotyp, die Dialoge hölzern, und die Geschichte folge nur den üblichen Mustern. Gegen ein bisschen Unterhaltung ist schließlich nichts einzuwenden, man erfreut sich kurz an dem Film und hat ihn schnell vergessen, mit dem wahren Leben hat das ja nichts zu tun.

Doch auch hier werden unterschwellige Botschaften verbreitet, ähnlich wie zuvor bei Casablanca. Sie lauten: Habe Angst! Wiege dich nicht in Sicherheit! Das Böse lauert überall, es kann jederzeit über dich hereinbrechen. Eben noch liegst du friedlich am Strand, und schon im nächsten Moment prasseln Bomben auf dich nieder. Also sei wachsam! Sei bereit! Bewaffne dich! Beobachte das Böse! Halte es in Schach! Dränge es zurück! Wenn du es nicht tust, wird der Drache kommen und dich holen!

Menschen, die diese Gefühls- und Gedankenmuster tief verinnerlicht haben, argumentieren häufig, dass Filme wie Pearl Harbor zwar übertrieben und kitschig dargestellt seien, im Kern aber auf historischen Tatsachen beruhen – und an diese müsse erinnert werden. Schließlich habe das totalitäre japanische Kaiserreich tatsächlich das unschuldige Hawaii überfallen, wodurch die friedliebenden und demokratischen USA gezwungen waren, in den Zweiten Weltkrieg einzutreten. Zumindest wird es derzeit in den meisten Geschichtsbüchern auf diese Weise dargestellt.

Doch war dem wirklich so? Um zu verstehen, warum die Japaner Hawaii angegriffen haben, müssen wir den historischen Kontext betrachten, der zu diesem Ereignis geführt hat. Das 19. und frühe 20. Jahrhundert waren das Zeitalter des Hochimperialismus. Eine kleine Gruppe von mächtigen Staaten teilte nahezu die gesamte Welt unter sich auf. Sie schickten ihre Flotten in fremde Länder, errichteten dort Stützpunkte, fingen Kriege mit lokalen Führern an, besiegten sie mit Hilfe der modernen Technik, unterwarfen die Völker und beuteten sie aus. Um dem Ganzen den Anschein von Rechtsstaatlichkeit und Humanismus zu verleihen, verteilten die Eroberer auch ein paar Geschenke wie etwa Glasperlen oder Decken. Aber auch die Eisenbahn, auf die zum Teil heute noch mit Stolz hingewiesen wird, zählt zu den scheinbaren Geschenken. Dass man die Eisenbahn auch dazu benutzen kann, um Beute fortzuschaffen, wird meist schamhaft verschwiegen.

Einzelheiten dazu sind festgehalten in den sogenannten Ungleichen Verträgen, die – wie der Name schon vermuten lässt – den einen mehr Rechte einräumten als den anderen. Im Pazifikraum wurden besonders viele derartige Verträge abgeschlossen. Vertragspartner auf der einen, der ausbeutenden Seite waren Britannien, Frankreich, Russland und die

USA, und auf der anderen, der ausgebeuteten Seite China, Korea, Persien und – Japan. Die Japaner hatten bis zu diesem Zeitpunkt in selbst gewählter Isolation gelebt, nun wurden sie gezwungen, ihre Häfen für den Handel zu öffnen, Diplomaten auszutauschen und manches mehr (QV 11).

Bis hierhin hört sich alles noch recht vernünftig an. Was spricht schon dagegen, mit anderen Völkern diplomatische und wirtschaftliche Beziehungen aufzunehmen? Im Grunde nichts. Der Haken an der Sache war, dass es nicht dabei blieb. Aus den Ungleichen Verträgen erwuchs eine Situation, die zu gewaltigen, heute kaum mehr vorstellbaren Verbrechen führte – die allerdings weitgehend in Vergessenheit geraten sind. Der erste und wohl zugleich auch schlimmste dieser Verträge war jener, der im Jahr 1842 zwischen China, vertreten durch den Unterhändler Qiying, und Britannien, vertreten durch Sir Henry Pottinger, geschlossen wurde. Pottinger gelangte später als erster Gouverneur von Hongkong zu Berühmtheit und erhielt einen Adelstitel und einen hohen Orden zur Belohnung, noch heute verehrt man ihn dafür auf den britischen Inseln. In den meisten anderen Ländern hingegen würde er schlichtweg als Kriegsverbrecher gelten. Zu Beginn seiner zweifelhaften Laufbahn hatte er nicht nur als Söldner für die Privatarmee der Britischen Ostindien-Kompanie gearbeitet, sondern auch am Ersten Opiumkrieg mitgewirkt.

Anlass für diesen Konflikt waren die Bestrebungen der chinesischen Regierung, den Import des Rauschgiftes Opium zu unterbinden, was vor allem den Briten nicht gefiel, da dieser Handel hohe Gewinne abwarf (QV 12). Also entsandte die britische Regierung eine moderne Flotte nach China, man provozierte den Gegner, und es kam zum erhofften Krieg, in dessen Verlauf die alten Holzdschunken

der Chinesen von den kampfstarken westlichen Kriegsschiffen vernichtet wurden (QV 13, 14, 15). Im Anschluss
daran musste Qiying den Vertrag von Nanking unter-
schreiben (QV 16). Darin verpflichteten sich die Chinesen
unter anderem, Reparationen für die erlittenen Verluste der
Briten zu leisten (sogar für das Opium, das sie vor dem
Krieg vernichtet hatten) und das Land für den Handel zu
öffnen – auch für den Handel mit Opium, obwohl dieser
Begriff nicht genannt wurde.

In der Folge begann die wohl katastrophalste Epoche der
chinesischen Geschichte, deren Nachwirkungen bis heute zu
spüren sind. Eine Flut von Opium ergoss sich über das
Reich der Mitte, das ohnehin bereits durch innere Konflikte
zerrüttet war, seine Wirtschaft erlebte einen Niedergang,
soziale Strukturen lösten sich auf, Hungersnöte brachen aus,
Millionen Menschen verloren ihr Leben. China wurde auf
Jahrzehnte hinaus zum Spielball ausländischer Mächte. Es
ging dabei nicht nur um politische und wirtschaftliche
Interessen, sondern auch um kulturelle und religiöse. Mit
den Kaufleuten kamen Missionare ins Land, die – trotz aller
guten Absichten – das Land noch weiter destabilisierten.
Der Führer einer christlichen Sekte zettelte 1850 den
Taiping-Aufstand an. Religion und Politik, ausländische
Waffen und Drogen bildeten eine gefährliche Mischung.
Am Ende des Bürgerkrieges waren geschätzte 20 Millionen
Tote zu beklagen, vielleicht lag die Zahl noch höher (QV 17,
18).

Die Gesamtzahl der Opfer des Opiumhandels ist nicht
bekannt, hierzu gibt es keine seriöse Forschung. Weil die
Sterblichkeitsrate der Abhängigen hoch war, der Handel sich
nicht allein auf China beschränkte und einen langen
Zeitraum umfasste, muss von einer zweistelligen Millionen-
zahl ausgegangen werden. Für rund 50 Millionen Tote gibt

es Belege, es können aber auch mehr als 100 Millionen Menschen gewesen sein, die diesen qualvollen Tod starben (QV 19, 20). Darin sind noch nicht die Hungeropfer in den Produktionsländern des Opiums enthalten. In Indien wurden ab Anfang des 19. Jahrhunderts von den britischen Herrschern große Teile der landwirtschaftlichen Nutzfläche auf den Anbau von Mohn, Grundstoff des Opiums, umgestellt. Dies war eine der Ursachen dafür, dass es auf dem Subkontinent zu schweren Hungersnöten kam, die bis ins 20. Jahrhundert andauerten (QV 21).

Daneben zerstörten die Briten auch das bewährte System der Vorratshaltung (QV 22), sie beschlagnahmten öffentliches Gemeindeland (QV 23) und entzogen der Bevölkerung Wasserrechte (QV 24), sie spekulierten in Dürrezeiten mit Getreidepreisen (QV 25) und exportierten sogar Getreide aus Indien (QV 26, 27) – obwohl dort Millionen Menschen hungerten. In einem anderen geschichtlichen Zusammenhang, etwa wenn Deutsche beteiligt gewesen wären, würde man von systematischem Völkermord sprechen. Weil die Täter aber Briten waren, gelten die Ereignisse nur als eine Art „Betriebsunfall der Geschichte", der den meisten Historikern keiner Erwähnung wert ist (QV 28). Vor den entsetzlichen Leiden der Inder, von denen u. a. der bekannte Reiseschriftsteller Pierre Loti berichtete (QV 29), verschließen sie ihre Augen.

Die Zahl der Hungertoten ist nicht bekannt. Wenn man die Menschen hinzurechnet, die an Krankheiten starben (Hunger zerstört Abwehrkräfte), kommt man auf schwindelerregende Zahlen. 30 Millionen, 50 Millionen, 70 Millionen Tote, vielleicht mehr (QV 30, 31). All das geschah in China und Indien – gewissermaßen vor der Haustür der Japaner.

Was man aussendet, kehrt zurück

Doch die Briten waren keineswegs die Einzigen, die Verbrechen in Asien verübten. Ihnen zur Seite standen die Franzosen, mit denen sie gemeinsam den Zweiten Opiumkrieg gegen China führten, in dessen Verlauf der Sommerpalast ebenso wie der Alte Sommerpalast in der Nähe von Peking verwüstet wurden, ein kaum zu beziffernder kultureller Verlust (QV 32).

Ihre Hauptverbrechen begangen die Franzosen jedoch in Indochina (heute Vietnam), wo sie aufgrund ihrer rücksichtslosen Ausbeutung des Landes ebenfalls schwere Hungersnöte provozierten und es sogar fertigbrachten, die Fronarbeit, die sie in Frankreich längst abgeschafft hatten, für die einheimische Bevölkerung wieder einzuführen. Aufständen begegneten sie mit brutaler Härte, etliche Strafexpeditionen lösten einander ab, gegen Revolutionäre konnten jederzeit unbegrenzte Haftstrafen und Todesurteile verhängt werden, ohne dass dazu die Einsetzung eines Gerichts nötig gewesen wäre. Im Mutterland gönnten sich die Franzosen Demokratie und Menschenrechte, exportiert haben sie davon leider nichts (QV 33, 34).

Ähnlich stolz auf ihre Vergangenheit sind die US-Amerikaner, die offenbar ebenso wie Briten und Franzosen glauben, sie seien die Gralshüter der Demokratie und ebenso ungern über die schwarzen Flecken auf ihrer weißen Weste sprechen. Mittlerweile sind es dermaßen viele, dass man damit ein Autorennen abwinken könnte. Ein besonders großer Fleck kam durch den Krieg auf den Philippinen in den Jahren 1899 bis 1902 hinzu (QV 35). Neben vielen anderen Abscheulichkeiten wurden in seinem Verlauf auch massenhaft Zivilisten erschossen, von amerikanischen Soldaten, die das zuvor bereits in den Indianerkriegen geübt hatten. Die genaue Zahl der Opfer ist nicht bekannt, Schätzungen variieren zwischen 200.000 und 1,5 Millionen (QV 36).

Die Philippinen sind der nächstgelegene Inselstaat südlich von Japan. Noch weiter südlich liegen Indonesien, wo die Niederländer eine Kolonie unterhielten und die üblichen Verbrechen begangen, inklusive Ausbeutung und Massenmorden, und Timor, wo die Portugiesen es ihnen gleichtaten. Reist man noch ein Stück weiter südwärts, gelangt man nach Australien. Auch dort geschahen ungeheuerliche Dinge, auch dort galten Ureinwohner weniger als die Fremdherrscher, manchmal sogar weniger als Tiere. Um 1900 berichteten Reisende entsetzt, dass weiße Australier sich ein Vergnügen daraus machten, bei ihren Ausflügen in die Wildnis Aborigines zu jagen und zu töten. Die sogenannten „Killing Times" dauerten bis in die 1920er Jahre an und führten zum Erlöschen zahlloser Familienclans (QV 37, 38).

Auf der Insel Tasmanien, ungefähr so groß wie die Benelux-Länder, wurden gar das gesamte Urvolk und seine Kultur ausgerottet. Auch war es über Jahrhunderte hinweg üblich, dass eingeborene Frauen den weißen Jägern, Farmern und Walfängern, die selbst oftmals unter schwierigen Bedingungen lebten, als Haus- und Sexsklavinnen dienen mussten. Was diese Unglücklichen dabei erfahren haben, lässt sich nicht einmal erahnen, denn auch zu diesem Themenkomplex gibt es weder eine wissenschaftliche Aufarbeitung noch eine künstlerische Auseinandersetzung.

Der Vollständigkeit halber sei noch die koloniale Vergangenheit von Deutschland, Österreich-Ungarn und Italien in Asien erwähnt, vor allem beim Boxeraufstand in China (1900 – 1901) spielten Männer aus diesen Ländern unrühmliche Rollen. Verglichen mit den zuvor genannten Nationen ist ihr Anteil an den kolonialen Verbrechen jedoch eher gering. Höher zu bewerten ist das Wirken Russlands in Asien. Seit dem 16. Jahrhundert rückten die Armeen der Zaren immer weiter nach Osten vor, unterwarfen zahlreiche Völker, plünderten die Reichtümer Sibiriens aus und machten das Land nebenbei zur größten Strafkolonie der Welt. Der russische Eroberungsdrang endete in einer Stadt, der man den bezeichnenden Namen Wladiwostok verlieh, was übersetzt bedeutet: Beherrsche den Osten. Hinter Wladiwostok kommt nur noch das Japanische Meer – und Japan.

Was bedeutete diese Entwicklung für die Japaner? Sie sahen, wie sich fremde Mächte immer weiter im Pazifikraum ausbreiteten, bis kaum noch ein Quadratmeter unbesetzt blieb. Sie sahen, wie diese fremden Mächte beispiellose Verbrechen begangen, Kriege, Massenmorde, Völkermorde, Sklaverei, Ausbeutung, Rauschgifthandel, Vergewaltigungen. Und sie erlebten, wie sie selbst den ersten Ungleichen Vertrag unterzeichnen mussten. Welche Gefühle löste das wohl in ihnen aus? Welche Erwartungen hatten sie an die Zukunft? Würden sie selbst vielleicht bald eine Kolonie sein? Waren Japans Kultur und Religion durch gewaltsame Missionierung gefährdet? Würde das Land von Kriegen heimgesucht werden, das Volk versklavt, Männer getötet, Frauen vergewaltigt, die Schätze gestohlen?

Was sollten sie tun? Weiterhin in Isolation leben und der Dinge harren, die da kommen würden? Oder gäbe es eine Alternative dazu? Vielleicht sollte man so mächtig werden, dass keine Nation einen Angriff wagen würde? Vielleicht sollte man selbst eine Kolonialmacht werden? Diese Nationen unterschieden sich deutlich von allen anderen. Nicht nur, weil sie groß und stark waren, für sie schienen auch besondere Regeln zu gelten. In den Kolonien konnten die Eroberer tun, was sie wollten, sich wie kleine Götter aufführen, über Leben und Tod entscheiden, aufbauen und zerstören, Sklaven und Konkubinen halten und sich in Heldenepen besingen lassen. Im Heimatland, wo man unter sozialer Kontrolle stand, war das alles sehr viel schwieriger. Ein verführerischer Gedanke.

Und damit ging die Geschichte in die nächste Runde. Die Japaner öffneten sich nach Westen, reformierten Wirtschaft, Verwaltung und Armee, übernahmen Technik und Wissenschaft aus dem Ausland und formten einen modernen Staat. Und der war überaus erfolgreich. Japan erlebte einen ungeahnten Aufstieg, das Land entwickelte sich zu einer Regionalmacht in Asien, konkurrierte mit den bisherigen Regionalmächten Britannien, Frankreich und Niederlande, machte ihnen die Führungsrolle streitig.

Brisant wurde die Lage, als eine weitere Nation sich anschickte, diese Rolle zu übernehmen: die USA. Es kam zum Konflikt zwischen den beiden Ländern, der – neben vielen weiteren Ereignissen – im Jahre 1941 einen vorläufigen Höhepunkt erlebte, als Präsident Roosevelt ein Ölembargo über Japan verhängte, dem sich auch die Regierungen von Britannien und der Niederlande anschlossen (QV 39). Auf einen Schlag verlor Japan, das selbst kaum Rohstoffe besaß, 90 Prozent seiner Ölimporte. Die Reserven reichten noch für einige Monate, danach würde das Land ruiniert sein. Es sei denn, man würde dem Beispiel der anderen Imperien folgen und Gewalt anwenden.

Fast alle diese historischen Fakten ignoriert der Film Pearl Harbor (ausgenommen nur das Ölembargo). Er erwähnt nicht die Angst der Japaner, die sie zweifelsohne empfanden, als sie die fremden Mächte vorrücken sahen. Er erwähnt nicht ihre Empörung über die Ungleichen Verträge, die ihnen aufgezwungen wurden. Und er erwähnt nicht die schlechten Beispiele, die ihnen die westlichen Nationen gaben, die nicht nur technisch und wissenschaftlich, sondern ihrem eigenen Bekunden nach auch moralisch überlegen waren. All das wird in dem Film nicht einmal angedeutet.

Selbstverständlich wird auch die Geschichte von Hawaii nicht erzählt. Die Inseln waren ursprünglich von Polynesiern besiedelt. Im 19. Jahrhundert begann die schrittweise Einwanderung von US-Amerikanern und damit einhergehend auch die christliche Missionierung der Ureinwohner. Zeitgleich entwickelten sich die USA zur imperialen Macht. US-Präsident James Monroe (im Amt von 1817 – 1825) entwarf das Konzept einer selbstbewussten, von Europa unabhängigen Außenpolitik, die unter dem Schlagwort „Amerika den Amerikanern!" populär werden sollte. Seine Nachfolger nahmen die Monroe-Doktrin wörtlich, halfen bei der Vertreibung der alten Kolonialmächte – und übernahmen deren Plätze. Texas und Kalifornien erklärten sie zu Bundesstaaten, Kuba, Panama, Puerto Rico, Guam und die Dominikanische Republik brachten sie unter ihre Kontrolle, in Nicaragua, Honduras und Mexiko intervenierten sie.

Während des Spanisch-Amerikanischen Krieges war die Inselgruppe Hawaii von großer strategischer Bedeutung. Also wurden die Inseln 1898 von den USA kurzerhand annektiert (QV 40). Auf dem ʻIolani-Palast, dem Regierungs- und Parlamentsgebäude, holte man die hawaiianische Flagge ein und zog das Sternenbanner auf. Damit verlor die Urbevölkerung alle Souveränitätsrechte, nebenbei ging auch alles öffentliche Eigentum in den Besitz der USA über. Im Jahr 2000 betrug der Anteil der Ureinwohner an der Gesamtbevölkerung nur noch zwischen sechs und sieben Prozent. Das hätten die Japaner wohl auch nicht viel schlechter hinbekommen.

Die Handlung des Films Pearl Harbor setzt zu einem sehr späten Zeitpunkt ein, als die Motoren der japanischen Kriegsmaschinerie bereits auf Hochtouren laufen. Eine Vorgeschichte gibt es auch hier nicht. Das Böse hat keinen Grund, keine Ursache und keine verständliche Motivation. Der einzige Antrieb, der ihm zugestanden wird, ist negativer Art. Böse Menschen sind von Natur aus schlecht, sie sind von Habgier, Hass und Machtwahn zerfressen, sie empfinden einen Lustgewinn, wenn sie andere Menschen quälen, unterdrücken, bestehlen und töten. Eine positive Motivation, wie im Fall der Japaner das Ausbrechen aus einer Bedrohungssituation, wird ihnen nicht zugestanden. Das wäre verharmlosend, dadurch würde das Böse seine Monsterfratze verlieren, es würde menschlich erscheinen.

Aus demselben Grund wird das Böse auch nur eindimensional dargestellt. Die japanischen Soldaten sind präzise in ihrem Handeln, sie sind hinterhältig, mitleidlos, funktionieren wie Roboter. Menschliche Regungen wie Ängste, Zweifel, Wut billigt man nur den Guten, den Amerikanern zu. Kein Japaner darf großmütig, freundlich oder hilfsbereit gezeigt werden, denn dadurch würde das Ungeheuer seinen Schrecken verlieren.

2.5.4 Windung eins: Barbarentum

Dieses primitive Denken und Handeln, das unreflektierte Ausleben von Gefühlen zieht sich durch die menschliche Geschichte bis zum heutigen Tag. Gelegentlich versucht mal ein Journalist oder Künstler, dagegen anzugehen, dem Drachen seine Maske zu entreißen, um zu zeigen, dass sich dahinter nur ein Wolf verbirgt, den unsere Fantasie ins Monströse hat anwachsen lassen, doch diese Versuche sind meist erfolglos. Zu tief sitzt die Angst vor dem Ungeheuer.

Schnell wird die Maske wieder aufgesetzt, sie wird sogar erneuert, mit Schminke und Computertricks aufgepeppt und bei der Gelegenheit um zusätzliche Zähne und Klauen erweitert. Manchmal werden auch Bärte und Turbane benutzt. Die jüngsten Versuche dieser Art tragen die Namen Terrorismus und Islamismus. Auch diese Drachen besitzen gewaltige Flügel und spucken Feuer, sie stürzen sich sogar in Hochhäuser und bringen diese zum Einsturz, selbst die uneinnehmbaren Festungen der Weißen Ritter greifen sie an. Auch diese Botschaft wird tausendfach wiederholt, in Nachrichtensendungen, Hollywood-Filmen und im Schulunterricht. Und wieder einmal wird übersehen, dass die vermeintlich unschuldigen Opfer selbst an der Geburt des Ungeheuers beteiligt waren.

Der islamische Terrorismus ist nicht als eine Strafe Gottes über die Welt gekommen, er ist von allen beteiligten Kräften gemeinsam erschaffen worden. Eine kurze Darstellung der Ereignisse macht dies deutlich. Die Mudschahedin, aus denen später die Terrororganisation Al-Qaida hervorging, wurden im Sowjetisch-Afghanischen Krieg (1979 – 1989) von den USA unterstützt, um das Ausbreiten des Kommunismus zu verhindern – eine Entscheidung, die auf Angst basierte. Fundament des sowjetischen Kommunismus war die Zarenzeit (bis 1917), in der Millionen Menschen Hunger und Not litten (QV 41) – auch die Erinnerung daran ist mit großer Angst verbunden. Die Entscheidung, den Irak im Jahre 2003 anzugreifen, basierte ebenfalls weitgehend auf Angst, denn zuvor hatten sich die Anschläge des 11. Septembers ereignet – geplant und ausgeführt von Al-Qaida-Mitgliedern.

Gefühle suchen nach Ausdruck, Angst braucht eine Projektionsfläche. Damals lebten nicht viele Drachen auf der Welt, die wenigen überlebenden kommunistischen Staaten waren geschwächt, faschistische Staaten gab es überhaupt keine – aber im Irak herrschte noch immer Saddam Hussein, der schon im Ersten Irakkrieg (1990 – 1991) ein gutes Feindbild abgegeben hatte. Also lautete die Parole wieder einmal: Feuer frei! Man konstruierte noch rasch ein paar Gründe, um die Gefährlichkeit des Drachens zu beweisen – Unterstützung des Terrorismus, Streben nach Massenvernichtungswaffen –, und schon setzte sich die Kriegsmaschinerie in Bewegung. Dass sich hinterher keiner der Kriegsgründe bewahrheitete, störte nicht weiter. Man erklärte Saddam Hussein kurzerhand zum besonders bösen Drachen, dessen Sturz allein schon den Krieg rechtfertigte.

Dabei stellte sich allerdings die Frage, warum er denn so lange vom Westen unterstützt wurde? Zur Antwort verwies man auf einen anderen Drachen: das islamistische Regime im Nachbarland Iran. Saddam Hussein und seine Bath-Partei sollten es im Irakisch-Iranischen Grenzkrieg (1980 – 1988) besiegen. Ein neuer Vorwurf tauchte auf. Die Islamisten konnten im Iran doch nur die Macht übernehmen, weil der Schah, auch er zumindest eine zweifelhafte Figur, jahrzehntelang vom Westen unterstützt wurde, bis das Volk sich gegen ihn erhob (1978/79).

Zuvor hatte es bereits eine einigermaßen funktionierende Demokratie im Land gegeben. Die jedoch fand ihr Ende, weil Premier Mossadegh es 1951 gewagt hatte, die Verstaatlichung der Ölindustrie in Angriff zu nehmen, um die Ausbeutung des Landes durch einen britischen Ölkonzern abzustellen (QV 42). Daraufhin gaben der britische Premier Churchill und der amerikanische Präsident Eisenhower, beide große Demokraten, den Auftrag zur Operation Ajax, deren Ziel es war, die Regierung Mossadegh zu stürzen und durch eine Marionettenregierung unter dem Schah zu ersetzen (QV 43).

Diese verknappte Nacherzählung der Ereignisse lässt erkennen, wie schwer es ist, eine klare Trennung in Gut und Böse vorzunehmen. Waren Churchill und Eisenhower gut, weil sie den vermeintlichen Kommunisten Mossadegh aus dem Amt entfernten? War Mossadegh böse, weil er für sein Volk einen gerechten Anteil aus den Öleinnahmen forderte? War der Schah gut, weil er sein Land enger an den Westen band, dabei jedoch die Opposition im eigenen Land unterdrückte? War Ayatollah Chomeini böse, weil er den Schah aus dem Amt jagte und Politik und Religion zusammenführte? War Saddam Hussein gut, weil er gegen das Regime der Ayatollahs kämpfte und dafür vom Westen Unterstützung erhielt? War George Bush gut, weil er das Regime von Saddam Hussein stürzte?

Auf all diese Fragen kann es nur eine Antwort geben: Das Leben basiert nicht auf dem Prinzip Trennung, sondern auf dem Prinzip Einheit. Alles hängt mit allem zusammen, die Ereignisse sind wie ein Netzwerk miteinander verbunden. Es gibt keinen Kampf Gut gegen Böse, bei dem die Guten stets das Gute wollen und bewirken und die Bösen stets das Böse wollen und bewirken. Stattdessen findet ein immerwährender Prozess statt, in dem man das herausbekommt, was man eingegeben hat. Wer Terroristen unterstützt, wird Terror ernten. Wer einen Diktator unterstützt, wird sich mit den Folgen der Diktatur auseinandersetzen müssen. Das klingt alles ganz selbstverständlich, wie eine Binsenweisheit – trotzdem wird meist nicht danach gehandelt.

Auch in der Natur lässt sich das Prinzip Gut und Böse nirgendwo beobachten. Ein Fluss ist nicht böse, weil er über seine Ufer tritt. Eine Überschwemmung ist die Folge eines meteorologischen Prozesses, nicht das Ergebnis des Wirkens einer mystischen Urkraft. Auch ein Tier ist nicht böse, weil es ein anderes Tier tötet. Es handelt so, um Nahrung zu erwerben oder Rivalen zu beseitigen und lebt somit seine Gefühle aus, die sich als Triebe äußern. Auch die menschlichen Begriffe Gut und Böse basieren auf Gefühlen, auf Angst und Wut. Das sollten wir erkennen und Verständnis dafür entwickeln.

Allerdings hat das Prinzip Teilung – scheinbar – auch Vorteile. Man kann seine Gefühle ausleben, ohne dafür Verantwortung übernehmen zu müssen. Man kann gegen vermeintlich böse Menschen hetzen, etwa in politischen Reden, Zeitungsartikeln oder Filmen, man kann zur Abschreckung Waffen fordern, und man kann verlangen, dass böse Mächte geschwächt werden, in dem man ihnen Land oder Rohstoffe wegnimmt. Wenn man selbst dadurch reich werden sollte, ist das nur die Belohnung für die gerechte Tat. Und falls es zum Krieg kommen sollte, hat man immer noch die Möglichkeit zu sagen: „Ich habe euch ja gewarnt." Das kann sehr befriedigend sein.

Leider sorgte dieses Verhalten auch dafür, dass sich die Menschheit lange nicht weiterentwickelte, dass wir uns im Kreis drehten. Die Geschichte des 20. Jahrhunderts ist dafür das beste Beispiel. Erst wurde gegen Imperialisten gekämpft, dann gegen Faschisten, danach gegen Kommunisten, und zum Schluss begann der Kampf gegen die Terroristen. Eine interessante und im Grunde widersprüchliche Entwicklung. Obwohl die Guten den Bösen überlegen sind, sie die besten Waffen der Welt bauen, die schnellsten Flugzeuge, die größten Flugzeugträger, die kampfstärksten Panzer, und obwohl sie die großartigsten kulturellen Leistungen erbringen, die besten Filme drehen und die besten Bücher schreiben, und obwohl in ihren Medien immer die „Wahrheit" gesagt wird, gelingt es den Guten nicht, die Bösen dauerhaft zu besiegen.

Schlimmer noch, das Böse vermehrt sich sogar, wie das Erscheinen der Islamisten beweist. Und die alten Feinde sind nicht endgültig besiegt, denn trotz der Niederlage der Achsenmächte im Zweiten Weltkrieg gibt es noch immer Neo-Faschisten, trotz des Zusammenbruchs des Ostblockes am Ende des Kalten Krieges gibt es noch immer Neo-Kommunisten auf der Welt, und wahrscheinlich wird es in einigen Jahrzehnten, wenn die Kriege in den arabischen Ländern beendet sind, auch Neo-Islamisten geben. Mit anderen Worten: Die Guten sind schlecht. Das jedoch ist ein Paradoxon, ein unauflösbarer Widerspruch.

Aus all diesen Beobachtungen kann man nur den Schluss ziehen, dass das Konzept von Gut und Böse grundsätzlich falsch ist. Deshalb sind Filme wie Casablanca und Pearl Harbor auch so verheerend in ihrer Wirkung. Sie laufen im Kino, im Fernsehen und im Internet, man kann sie auf verschiedenen Datenträgern ausleihen oder kaufen. Im Verlauf der Jahrzehnte erreichen sie ein Milliardenpublikum. Überall auf der Welt sehen sie vor allem beeinflussbare junge Menschen. Unbewusst übernehmen sie die enthaltenen Gefühls- und Gedankenmuster und wiederholen die Fehler der vorangegangenen Generationen.

Man kann deshalb auch von einem Mickey-Mousing unserer Kultur sprechen. Dieser Begriff bezeichnet eigentlich eine Technik aus der Filmkomposition, bei der Handlungen tonmalerisch unterstrichen werden. Auch dadurch lassen sich Gefühle manipulieren. Zum Beispiel: Wenn ein Gegenstand zu Boden fällt, ertönt ein Paukenschlag (Schrecken). Oder: Wenn eine böse Figur erscheint, erklingen dunkle Basstöne (Angst, wohliger Schauer). Die Aktionen der guten Figuren sind hingegen mit dem Spiel der hellen Piccoloflöte unterlegt (Freude, Zuversicht). Auch viele Fernsehjournalisten und Historiker nutzen dieses

Prinzip. Wenn Menschen auf dem Bildschirm erscheinen, die sie als „böse" brandmarken wollen, brummen die Lautsprecherboxen. Das sagt viel aus über den Stand unserer Kultur.

Das Mickey-Mousing wurde ursprünglich für Kinder entwickelt, damit sie sich besser in einer Geschichte zurechtfinden. Inzwischen verwendet man die Technik in vielen Bereichen, in der Politik, in der Kunst, in der Wissenschaft. Komplexe Vorgänge werden auf ein einfaches Schwarzweißmuster reduziert, es gibt keine Vorgeschichte, Nachdenklichkeit ist unerwünscht. Casablanca und Pearl Harbor betreiben Mickey-Mousing. „Die Achse des Bösen" und „Kampf gegen den Terror" sind Umschreibungen für Mickey-Mousing.

Kämpfer sollten grundsätzlich nicht verehrt werden, auch nicht die Kämpfer für das Gute. Ein Kämpfer ist ein Idiot. Ein Widerstandskämpfer ist ein Vollidiot. All das, was hier beschrieben wurde, kennzeichnet eine Zivilisation der Stufe eins. Besser gesagt: Die erste Windung der Spirale. Später einmal wird sie als Barbarentum oder Phase der Unreife in die Geschichte eingehen.

Man kann sie an diesen Merkmalen erkennen:

1. Gedanken gelten als Grundlage der menschlichen Realität, Gefühle sind nebensächlich.

2. Die Welt ist in vielfacher Weise geteilt: Gut und Böse, Ost und West, Nord und Süd, Arm und Reich usw.

3. Die einen stehen über den anderen (Pyramide).

4. Es findet ein ewiger Kampf statt: um Land, Wasser, Rohstoffe, Informationen, die Deutungshoheit über die Geschichte usw.

5. Zerstörung der eigenen Lebensgrundlagen aus Unwissenheit, Gier und Ignoranz.

Das Böse ist Stufe eins

Um ein letztes Mal das Beispiel mit der Treppe zu bemühen: Niemand ist von Natur aus böse. Es ist auch niemand schlecht, falsch oder minderwertig. All das kennzeichnet nur die erste Stufe der Evolutionsleiter. Das Böse ist das, was wir gemacht haben, als wir noch gering entwickelt waren. Es ist das, was wir nicht mehr wollen. Wir sollten all jenen dankbar sein, die an der Errichtung der Treppe beteiligt waren – auch den sogenannten „Bösen". Nur dank ihrer Hilfe konnten wir uns erheben. Der Aufstieg ist ein Grund zur Freude, kein Grund, um Angst, Wut oder Scham zu empfinden.

Oder wie weise Männer und Frauen bereits seit langer Zeit empfehlen: „Liebt eure Feinde."

2.5.5 Windung zwei: Awarokratie

In einer Awarokratie wären die zuvor genannten Ereignisse nicht möglich, denn sie wird geprägt von zwei Grundprinzipien: Bewusstheit und Wohlwollen. Dadurch entsteht zwangsläufig ein gesellschaftliches Gleichgewicht.

Auch hier hängt alles miteinander zusammen, man kann das eine nicht vom anderen trennen – aber man ist sich über dieses System bewusst und nutzt es auf positive Weise. Ein Awarokrat würde niemals einen Diktator wie Saddam Hussein oder einen Fanatiker wie Osama bin Laden unterstützen, weil er weiß, dass solche Leute langfristig mehr Schaden anrichten als Nutzen bringen. Er würde auch nicht einen gewählten Präsidenten wie Mossadegh stürzen, weil das große Wut auslöst, die zu einer weiteren Radikalisierung führt. Stattdessen würde er einen Ausgleicher einsetzen, der dafür sorgt, dass die Einnahmen aus der Ölförderung zum

Wohl des gesamten Volkes verwendet werden. Wer eine gute Ausbildung bekommt und Aussicht auf einen Arbeitsplatz und eine Wohnung hat, wird keinen religiösen oder politischen Extremisten nachlaufen.

In einer Awarokratie wären Filme wie Casablanca oder Pearl Harbor nicht möglich. Man würde bessere Filme drehen, welche die historischen Hintergründe beleuchten und Zusammenhänge aufzeigen.

Beispiel Casablanca: Man könnte in diesem Film die Rolle eines jungen Marokkaners einfügen, der Capitaine Renault auf dessen Widersprüche aufmerksam macht. Warum beschwert sich Renault darüber, dass Nazi-Deutschland Frankreich überfallen und besetzt hat und verschließt seine Augen davor, dass sein Land dasselbe mit Marokko (und vielen weiteren Ländern) tat? Haben seine Landsleute damit eine moralische Pyramide errichtet, in der die Europäer über den Afrikanern standen? Gaben sie damit ein Beispiel? Schufen sie mit dem Versailler Vertrag eine weitere Pyramide, in der die Gewinner des Krieges über den Verlierern standen? Kehrte das, was sie aussandten, zu ihnen zurück?

An den Tschechoslowaken Victor Laszlo könnte er ähnliche Fragen richten. Was tat er, als die deutsche Minderheit in seinem Land unterdrückt wurde? Entwickelte sich dadurch eine moralische Pyramide, in der die Tschechoslowaken über den Deutschen standen? Hat er es nicht gesehen? Wollte er es nicht sehen?

In der Geschichtsforschung herrscht heute ein allgemeiner Konsens darüber, dass der Versailler Vertrag, die Unterdrückung der Minderheiten und die Bedrohung durch den Kommunismus maßgeblich zum Aufstieg der Nazis beigetragen haben. All das könnte auf vielfache Weise in Filmen und Romanen thematisiert werden. Man könnte die zahlreichen Ungleichgewichte aufzeigen, die damals herrschten, und man könnte die hypothetische Frage stellen, was ein gerechter Ausgleich zwischen den Völkern nach 1918 bewirkt hätte. Leider findet es kaum statt, weil Filmemacher und Schriftsteller Angst vor dem Vorwurf des Geschichtsrevisionismus haben. Dabei wäre das eine „Verharmlosung" im besten Sinne. Die Angst vor dem scheinbar Bösen könnte aufgelöst und durch Mut und Mitgefühl ersetzt werden. Alle Staaten würden friedvoller und sicherer werden.

Beispiel Pearl Harbor: Hier könnte man die Rolle eines amerikanischen Piloten einfügen, dessen Vorfahren zur hawaiianischen Urbevölkerung zählen. Er könnte seine Kameraden darauf aufmerksam machen, dass auch die Inselgruppe Hawaii von den USA annektiert wurde. Er könnte auch die Verbrechen der amerikanischen Armee auf den Philippinen in Erinnerung rufen, die damals erst vierzig Jahre zurücklagen. Auch hier drängt sich der Eindruck einer moralischen Pyramide auf. Daraus könnte sich eine grundsätzliche Diskussion über den Imperialismus entwickeln, die sicher spannender wäre, als die üblichen Phrasen vom Kampf Gut gegen Böse aufzusagen.

In einer Awarokratie wäre auch die primitive Form der Geschichtsschreibung nicht möglich, unter der wir heute leiden. Bestimmte Ereignisse werden zwanghaft wiederholt und in allen Einzelheiten beleuchtet, andere werden verschwiegen. Auch hier herrscht ein extremes Ungleichgewicht. Kein Wunder, dass die Politiker immer wieder dieselben Fehler machen. Dieses Thema ist so komplex, dass man ihm ein eigenes Buch widmen muss.

In einer Awarokratie würden die Medien ihre Arbeit nach anderen Grundsätzen verrichten. Die Verantwortlichen wären sich über die Bedeutung der Gefühle in der menschlichen Realität bewusst. Sie würden nicht ständig den Kampf gegen irgendwelche Drachen führen, sondern darüber aufklären, was die tieferen Ursachen eines Konfliktes sind und wie man diese lösen könnte.

Beispiel: Wenn ein Attentäter seine Tat live im Internet streamt, dann will er Aufmerksamkeit haben, er will zur Nachahmung anregen. Die Medien sollten ihm diesen Gefallen nicht tun, indem sie über viele Stunden live vom Tatort berichten, Kommentatoren und Experten dazu befragen, Talkshows zum selben Thema abhalten und das Ereignis in den Folgejahren immer wieder zwanghaft hervorholen. Damit verzerren sie unsere Wirklichkeit. Ein extremes Ausnahmeereignis wird zum Normalfall erklärt. Daraus entsteht Angst, aus Angst entsteht Wut. Als Resultat gewinnen radikale Bewegungen an Zulauf, die sich in Gegnerschaft zu dem Attentäter sehen. Mit anderen Worten: Die Gesellschaft gerät aus ihrem Gleichgewicht. Die Medien sollten stattdessen kurz und sachlich über den Vorfall berichten, den Namen des Attentäters nicht nennen und sein Gesicht nicht zeigen.

Es wäre sinnvoller, über die positiven Ereignisse zu berichten, die an diesem Tag stattgefunden haben. Welche neuen Medikamente wurden entwickelt? Welche Erfindungen wurden gemacht? Zu welchen wissenschaftlichen Entdeckungen ist es gekommen? Diese Nachrichten sind für die Menschheit wichtiger als die Wahnsinnstat eines Einzelnen.

Die Awarokratie ist eine Gesellschaft im Gleichgewicht. Hier gibt es keine die Menschen beherrschende Angst, weil man die Zusammenhänge versteht. Und weil die Angst unter Kontrolle ist, kann daraus auch kein Hass erwachsen. Niemand wird sich mehr vor Faschisten oder Kommunisten fürchten, vor Rechten oder Linken, vor X- oder Y-Menschen. Die Energie, die sonst für sinnlose Kämpfe vergeudet wird, kann für positive Projekte genutzt werden.

Eine Zivilisation der Windung zwei erkennt man an folgenden Merkmalen:

1. Gefühle werden als Grundlage der menschlichen Realität anerkannt.
2. Die Welt ist nicht geteilt, sondern bildet eine Einheit.
3. Niemand steht über dem anderen.
4. Die Menschen führen keinen Kampf, sondern gestalten den Prozess des Lebens.
5. Die Natur wird nicht ausgebeutet, sondern geschützt.

2.5.6 Die positive Kraft der Angst

Vieles, was in diesem Buch enthalten ist, birgt das Potenzial, große Wut auszulösen, insbesondere die Abschnitte, die von unserer Vergangenheit handeln. Schlichte Gemüter werden sagen: „Man darf die Geschichte nicht umschreiben! Man darf Opfer nicht zu Tätern machen und Täter nicht zu Opfern! Es steht fest, dass die Deutschen und Japaner die Verursacher des Krieges waren!" Wer so denkt, blockiert seine eigene Entwicklung.

Ursache ist auch hier wieder Angst. Gefühle suchen nach Ausdruck. Angst wird nicht nur dadurch kompensiert, dass Männer große Autos fahren und Frauen teure Kleider tragen, sondern auch dadurch, dass man „böse Menschen bekämpft". Am besten eignen sich dafür solche, die bereits tot sind – die können sich nicht mehr wehren. Deshalb werden immer wieder Bücher über Nazis und Kommunisten geschrieben, Filme über sie gedreht und Gedenkstätten eingerichtet, die an ihre Taten erinnern sollen. Dagegen ist grundsätzlich nichts einzuwenden, doch der Vergangenheit zu gedenken sollte auf einem hohen intellektuellen und spirituellen Niveau stattfinden. Sonst besteht die Gefahr, dass auf unreflektierte Weise Gefühle ausgelebt werden.

Zwei Beispiele dafür wurden bereits genannt: Die Filme Casablanca und Pearl Harbor. Wer diese Werke sieht, wird deren unterschwellige Botschaften übernehmen, wird anfällig für Angst und Wut werden. Als Folge daraus wird der verängstigte Mensch Waffen gegen das Böse fordern, er wird nach dem Bösen Ausschau halten und – sobald der Feind erkannt ist – Maßnahmen dagegen verhängen. In jüngster Zeit sind das vor allem Zensurakte in den sozialen Medien. Tweets, Videos und Kommentare werden mit Warnhinweisen versehen oder gelöscht, manchmal werden deren Urheber sogar lebenslänglich gesperrt. Das ist eine extreme Überreaktion, die auf der Gegenseite natürlich Empörung auslöst. „Seht her, die sind gegen uns! Die wollen uns vernichten! Wir müssen zurückschlagen!" So werden die Kämpfe niemals enden.

Alte Angst wirkt auch heute noch und erzeugt immer neue Probleme. Deshalb sollten wir unser Verhältnis zur Vergangenheit neu bestimmen.

Die moralische Pyramide bietet noch einen weiteren Vorteil: Man kann auf andere Menschen herabschauen. Vielen von uns gelingt es nicht, alle Herausforderungen des Alltags zu bewältigen. Wir haben Probleme am Arbeitsplatz, streiten uns mit dem Ehepartner, die Kinder bereiten uns Sorgen, das Geld reicht nicht, das Wetter ist schlecht, im Fernsehen läuft nichts Gescheites, und dann verliert auch noch der Lieblingsfußballverein. Kurz gesagt: Frustration und Wut steigen auf ein bedrohliches Maß an.

Jetzt gibt es zwei Möglichkeiten. Erstens: Die Probleme der Reihe nach lösen. Das ist jedoch mühsam und nimmt viel Zeit in Anspruch. Zweitens: Eine Projektionsfläche für die Gefühle suchen. Wer eignet sich dafür besonders gut? Diejenigen, die weiter unten in der Pyramide stehen. Ihnen fühlen wir uns seit jeher überlegen, nun ist eine gute

Gelegenheit, es ihnen mal wieder so richtig zu zeigen. Wir schimpfen über sie, verbreiten bösartige Kommentare im Internet, schreiben Bücher und drehen Filme, die ihr schändliches Handeln thematisieren. Danach fühlen wir uns besser, die negativen Gefühle haben sich reduziert.

Aber die Probleme sind damit natürlich nicht verschwunden, im Gegenteil, sie werden weiter anwachsen. Diejenigen, die scheinbar das Erdgeschoss der Pyramide bewohnen, werden die Angriffe nicht tatenlos hinnehmen. Sie werden ebenso schimpfen, Kommentare verbreiten, Bücher schreiben, Filme drehen, vielleicht werden sie sogar zu körperlicher Gewalt greifen. Daraus entsteht dann wieder bei den „Spitzenleuten" Wut und Angst, die Spirale dreht sich schneller, die Zahl der Opfer steigt. Diese „frische" Angst wirkt ebenso fatal wie jene, die wir in Büchern, Filmen und Gedenkstätten konserviert haben.

Nützliche Angst

Dabei ist Angst nicht grundsätzlich negativ. Wenn wir beispielsweise an einer Steilküste stehen und auf das Meer hinausblicken, bewahrt uns die Angst vor dem Absturz. Eine Klippe könnte abbrechen, eine Windböe könnte uns nach vorne stoßen und in den Abgrund stürzen lassen. Die Angst vor Schmerzen und Tod verhindert, dass wir ein zu großes Risiko eingehen. Deshalb sollte man auch die Angst als natürliches Gefühl wertschätzen und sie keinesfalls ignorieren oder abwerten.

Aber auch hier ist Übertreibung schädlich. Man sollte die Angst nicht benutzen, um eine moralische Pyramide zu errichten, in der oben an der lichtvollen Spitze die „guten Opfer" stehen und unten in den dunklen Höhlen die „bösen Täter" kauern. Franzosen, Tschechoslowaken und US-

Amerikaner sind keine besseren Menschen, nur weil sie im Zweiten Weltkrieg zuerst angegriffen wurden. **Durch ihr dummes Verhalten haben die späteren Opfer zur Radikalisierung beigetragen.** Auch dieser Satz wird bei unterentwickelten Zeitgenossen Wut auslösen. Aber der Satz enthält auch eine gewaltige Chance. Wer ihn versteht, wird nie wieder ein Opfer sein. Was wir aussenden, kehrt zu uns zurück. Wenn wir unseren Mitmenschen Gutes tun, werden wir gute Resultate erzielen. Das ist wahre Freiheit.

Ein gereifter Mensch wird auch nicht „mitleiden", wenn er einen Nazi-Film sieht oder ein früheres Konzentrationslager besucht. Er achtet und ehrt das Leid der Opfer, aber er wiederholt es nicht, er geht nicht ins Drama. Der Tod all dieser Menschen war nicht sinnlos. Die Ereignisse haben uns geholfen, kollektiv die Leiter der geistigen Evolution emporzusteigen. Reife bedeutet, Dinge anzusehen, zu verstehen und loszulassen. Die Energie, die dadurch frei wird, führt auf eine höhere Bewusstseinsstufe.

Wer an die moralische Pyramide glaubt, wird niemals in Frieden leben. Die „guten Opfer" befinden sich zwar ihrer Meinung nach an der Spitze, aber sie werden immer angstvoll nach unten schauen. Sie werden „gerechte" Strafen gegen die „bösen Täter" verhängen, die sich eines Tages dafür rächen werden. Sogar Informationen zwängen sie in eine Pyramide hinein. Weil ihr Weltbild auf einem Irrtum basiert, sind die Pharaonen gezwungen, die Wirklichkeit zu verzerren. Über die Spätphase des Konfliktes (deutsche und japanische Verbrechen) berichten sie intensiv, die Vorgeschichte (Deutsche und Japaner als Opfer) hingegen wird extrem verkürzt. Dadurch verhindern sie einen Lernerfolg und drehen sich endlos im Kreis.

Persönlichen Frieden erlebt man nur, wenn man einen persönlichen Ausgleich macht.

1. Angst als positiv anerkennen, weil sie uns vor Gefahren schützt. Wut als positiv anerkennen, weil sie uns hilft, uns selbst zu erfahren.

2. Mut und Liebe, Verständnis und Mitgefühl zur Grundlage unseres Handelns erklären.

3. Alle Gefühle in ein Gleichgewicht bringen.

Hier muss noch einmal der Satz vom Ende des ersten Teils dieses Buches wiederholt werden: Frieden und Gerechtigkeit herrschen nicht dort, wo die einen oben und die anderen unten stehen, sondern dort, wo sich alle auf derselben Ebene befinden.

2.6 Abschaffung der Armeen

In der Awarokratie sind Dinge möglich, die heute kaum vorstellbar sind. Für die Rüstung werden weltweit jedes Jahr fast zwei Billionen Dollar ausgegeben, Tendenz steigend. Doch nicht nur Geld wird verschwendet, sondern auch Rohstoffe und Energie.

Beispiel: Der russische T-72 ist mit rund zwanzigtausend Exemplaren einer der meistgebauten Panzer der Welt. Er wiegt knapp fünfzig Tonnen und besteht aus einer Verbundpanzerung aus Stahl, Aluminium, Keramik, GFK, Polyurethan, Borsilikatglas und Siliziumdioxid. Die Granaten, die er verschießt, bestehen aus Stahl, Kupfer und Wolframcarbid – das sind einige der wertvollsten Materialien, die die Menschheit besitzt.

Der Betrieb all der Panzer, Flugzeuge und Schiffe der Armeen dieser Welt verschlingt gewaltige Mengen an Treibstoff und erzeugt somit auch sehr viele Abgase – und das zu einer Zeit, in der die Atmosphäre ohnehin schon stark belastet ist. Berücksichtigen sollte man auch die Schöpferkraft, die dadurch verschwendet wird. Es ist kaum auszudenken, welche Erfindungen die Konstrukteure der Waffen im zivilen Bereich hätten machen können. Angenommen, man hätte schon vor Jahrzehnten all die Billionen Dollar und die Kreativleistung der Wissenschaftler und Ingenieure in die medizinische Forschung gesteckt, dann wäre der Krebs heute möglicherweise schon besiegt. Millionen Menschen wäre schweres Leid erspart geblieben.

In der Awarokratie sind Armeen nicht notwendig, weil es keinen Hass und keine übersteigerte Angst gibt. Natürlich kann dieser Zustand nicht von heute auf morgen erreicht werden. Der Umbau der Gesellschaften sollte langsam und in vielen kleinen Schritten erfolgen. Berücksichtigt werden müssen neben dem Sicherheitsbedürfnis der Menschen auch die zahlreichen Arbeitsplätze, die mit dem Militärsektor verbunden sind. Ein möglicher Weg ist deshalb, die Armeen innerhalb von fünfzig Jahren in technische Hilfsdienste umzuwandeln. Als Vorbild kann hier das Technische Hilfswerk (THW) dienen, das weltweit bei Katastrophen zum Einsatz kommt. Flugzeuge sollten zum Transport von Hilfsgütern eingesetzt werden, nicht zum Abwurf von Bomben. Junge Männer sollten Waldbrände und Dürren bekämpfen, aber nicht einander. Auf diese Weise bleiben die Arbeitsplätze bestehen, Millionen Menschen erhalten auch in Zukunft eine berufliche Perspektive.

Natürlich muss dieser Plan von weiteren Maßnahmen flankiert werden. Wer Filme wie Casablanca und Pearl Harbor sieht, wer primitive Geschichtsbücher liest, wird auch weiterhin starke Armeen fordern. Deshalb müssen neue, intelligentere Filme gedreht werden, bessere Bücher geschrieben werden, Nachrichten auf verantwortungsvolle Weise verbreitet werden usw. Alles hängt mit allem zusammen.

Große Schritte sind möglich

Skeptiker werden jetzt sagen: „Das ist eine Illusion. Es wird immer böse Menschen geben, deshalb wird es auch immer Armeen geben. Wir müssen uns ja schließlich verteidigen. Die bösen Menschen sind schuld, sie haben angefangen." Wer seine Ängste auf diese Weise rechtfertigt, wird die Entwicklung verzögern, aber nicht aufhalten.

Neben dem Krieg gab es über Jahrtausende hinweg ein zweites großes Menschheitsverbrechen: die Sklaverei. In allen Ländern und Kulturen wurden unzählige Menschen gefangen genommen und zur Arbeit gezwungen, oft unter grausamen Bedingungen. Das Leid, das dabei entstand, ist unermesslich. Im 17. Jahrhundert formierte sich endlich eine Gegenbewegung, die dazu führte, dass rund zweihundert Jahre später die Sklaverei fast überall abgeschafft wurde. Doch zuvor kam es zu harten Auseinandersetzungen. Befürworter der Sklaverei argumentierten ähnlich wie Befürworter des Militarismus: „Das ist eine Illusion. Es wird immer Arbeit geben, deshalb wird es auch immer Sklaven geben. Wer soll denn sonst die Arbeit machen? Wir doch nicht! Wir können die Arbeiter auch nicht anständig bezahlen, weil die Produkte sonst viel zu teuer werden."

Heute wissen wir, dass sich die Gegner der Sklaverei letztlich durchsetzten. Eine ähnliche Entwicklung kann man auch für den Militarismus vorhersagen. Alle Armeen werden schrittweise durch technische Hilfswerke ersetzt werden – und es wird keine zweihundert Jahre dauern.

2.7 Grundeinkommen

Die Idee des bedingungslosen Grundeinkommens ist nicht neu. Diese Variante stammt aus dem Roman DIE AUS-GLEICHERIN:

Utopia zwei – ein Entwurf
„Geplant ist die Gründung eines neuen Staates, der im Gegensatz zu allen anderen Staaten kein Land, aber ein Volk besitzt. Er ist nicht als Konkurrenz zu bestehenden staatlichen Strukturen gedacht, sondern als Ergänzung. Jeder Mensch auf der Welt kann sich selbst zum Einwohner von Utopia zwei erklären. Vom ersten Moment an hat er Anspruch auf Unterhalt. Und zwar so viel, wie er zum Leben in seiner Heimat benötigt. Er soll genügend Geld bekommen für Essen, Kleidung, Wohnen und Gesundheitsvorsorge. Kein Mensch in dem neuen Staat soll Angst um seine Existenz haben. Niemand soll sich Sorgen um seine Zukunft machen, darüber, ob er morgen noch einen Arbeitsplatz besitzt, ob seine Wohnung sicher ist oder ob er genügend Essen für die Familie auf den Tisch bringt. Jeder soll ein Höchstmaß an Freiheit und Sicherheit genießen.

Niemand soll mehr hungern oder unter hungerbedingten Krankheiten leiden, niemand den qualvollen Hungertod sterben. Es soll kein Anlass bestehen, Verbrechen zu begehen oder sich zu prostituieren, um das eigene Überleben sicherzustellen. Niemand soll gezwungen sein, seine Heimat zu verlassen und sich auf eine gefahrvolle Reise in ein fremdes Land zu begeben, in dem er nicht willkommen ist. Perspektiven sollen geschaffen werden. Jeder Mensch soll als wertvoll und wichtig angesehen werden. Niemand ist ungewollt, keine Existenz ist sinnlos. Jeder darf seinen persönlichen Lebensplan verwirklichen. In der Folge würden weniger Menschen Drogen nehmen, um einer trostlosen Existenz zu entfliehen. Ungleiche Verteilung von Reichtum soll vermindert werden. Politische und religiöse Extremisten hätten weniger Zulauf.

In dem utopischen Staat hätten die Menschen mehr freie Zeit, Muße und Kraft. Anstatt sich auf die reine Sicherung ihrer Existenz zu konzentrieren, könnten sie sich mit anderen Dingen beschäftigen. Zum Beispiel mit der Erziehung ihrer Kinder. Mehr Kinder auf der Welt bekämen die Aufmerksamkeit, die sie verdienen. An eine gute Schulbildung würde sich eine gründliche Berufsausbildung oder ein Studium anschließen. Das Potenzial von Millionen, vielleicht sogar Milliarden zusätzlicher Menschen könnte genutzt werden. Viele neue Ärzte, Ingenieure, Wissenschaftler und Künstler würden ihre Arbeit aufnehmen.

Natürlich sind das alles noch Träumereien – aber Träume kann man verwirklichen.

Das Konzept vom Staat ohne Land ist schon längst bekannt unter dem Namen bedingungsloses Grundeinkommen. Bislang wurde es nie ernsthaft umgesetzt. Meist scheiterte es am fehlenden Geld und am fehlenden Mut. Jetzt ist es an der Zeit, den nächsten großen Schritt zu wagen.

Natürlich wird dieses Projekt ungeheuer viel Geld verschlingen, mehr, als wir derzeit aufbringen können. Deshalb werden wir die ersten Staatsbürgerschaften verlosen. Unser Ziel ist es, einhunderttausend Bürger am Tag der ersten Verlosung in unseren Staat aufzunehmen."

Noch ist es eine Utopie, aber vielleicht ist es morgen bereits Wirklichkeit.

2.8 Was kann man jetzt schon tun?

Die Ideen, von denen in diesem Buch die Rede ist, sind so gehaltvoll und überzeugend, dass sich viele Menschen dafür begeistern werden. Lieber heute als morgen möchten sie unser demokratisches System verbessern, möchten einen Ausgleicher an der Spitze der Institutionen sehen, sich vielleicht sogar selbst zur Wahl stellen, möchten die Kammer der Freien Bürger realisiert sehen und vielleicht selbst einen Antrag einbringen, der dort behandelt werden soll. Das wäre zweifellos wünschenswert, weil die gesamte Gesellschaft, die künftigen Generationen und die Umwelt davon profitieren würden.

Doch es bleibt ein gravierendes Problem: Vom derzeitigen System profitiert eine kleine Gruppe von Politikern und deren Günstlinge. Diese Leute wollen ihre Macht und ihre Privilegien behalten, wollen weiterhin im hohen Haus ein und aus gehen, von Sicherheitsleuten bewacht werden, mit der schweren Limousine vorfahren, wollen die Tür vom Diener geöffnet bekommen und vom einfachen Bürger getrennt sein. Sie wollen die Entscheidungen treffen, wollen das Geld und den Ruhm einstreichen und das Gefühl haben, über den anderen zu stehen. Deshalb werden sie aus allen Rohren gegen die Awarokratie feuern, sie werden alles tun, um die Einsetzung der Ausgleicher zu verhindern, und die Kammer der Freien Bürger wird sogar noch mehr Unverständnis und Hass hervorrufen.

Die Unreifen profitieren von der moralischen Pyramide. Für sie ist es leicht, die Welt in Gut und Böse aufzuteilen. Sie selbst befinden sich oben an der Spitze, die anderen, die Andersdenkenden oder Andersgläubigen, stehen mindestens eine Stufe weiter unten. Auch die Informationen werden von ihnen geteilt in gut und böse, richtig und falsch. Was sie nicht hören wollen, schieben sie nach unten. Außerdem gibt es für sie keinen Grund, neugierig, offen oder strebsam zu sein, denn sie haben ja bereits die höchste Stufe erreicht. Die Primitiven dürfen sich sogar aggressiv und intolerant verhalten, dürfen ihre Wut und ihren Hass ausleben – solange es nur die „Richtigen" trifft. Die Kriege, die sie führen, sind moralisch gerechtfertigt, ebenso ihre kleinen Lügen und Gaunereien. Wenn sie dadurch Geld und Ruhm ernten, ist das nur der Lohn für die gute Tat.

Ein Ausgleicher hat mehr Arbeit. Er muss mit allen Parteien sprechen, muss sich alle Argumente anhören und die Informationen sorgsam abwägen. Einen Kompromiss auszuhandeln oder einen gerechten Schiedsspruch zu verhängen ist kein Zuckerschlecken. Das Austarieren der Waage erfordert Geduld und Fingerspitzengefühl, manchmal sind viele Versuche nötig, bis das Gleichgewicht hergestellt ist. Der Ausgleicher wird aber auch belohnt. Zum einen dadurch, dass seine Umgebung friedvoll und harmonisch ist. Zum anderen durch den höheren Bewusstseinszustand, den er persönlich erreicht. Dieser Bereich ist äußerst komplex und muss in einem eigenen Buch behandelt werden.

Veränderungen des kollektiven Bewusstseins verlangen ebenfalls einen langen Atem. Manchmal geht es aber auch sehr schnell. Erinnern wir uns an die friedliche Revolution in Osteuropa, wo innerhalb weniger Monate ein System gestürzt wurde, das fest im Sattel zu sitzen schien. Bis der erste Ausgleicher offiziell ernannt wird, werden noch einige Jahre vergehen, Gleiches gilt für die Kammer der Freien Bürger. Diese Erkenntnis wird viele fortgeschrittene Menschen enttäuschen. Sie werden jeden Tag beobachten, wie unreife Zeitgenossen Macht ausüben, wie sie Natur zerstören, Tiere quälen, gegen Drachen kämpfen, sich aufplustern, andere herabsetzen, Konflikte anheizen, Geld für Rüstung verschwenden und sich immer weiter im Kreis drehen.

Das kann sehr frustrierend sein. Aber diese Erfahrungen müssen alle Menschen machen, die die Entwicklung vorantreiben wollen. Die Widerstände sind groß, die Erfolge sind zu Anfang gering.

In der Ruhe liegt die Kraft

Wir sollten uns davon nicht beirren lassen und mit einer Politik der kleinen Schritte reagieren. Dazu gehören:

1. **Ruhig und gelassen bleiben.** Die Zivilisation wird sich entwickeln. Niemand kann die Evolution aufhalten.

2. **Verständnisvoll und mitfühlend sein.** Unreife Menschen befinden sich in einem vorübergehenden Zustand. Auch ihr Bewusstsein wird sich eines Tages weiten. Auf Provokationen nicht reagieren.

3. **Wohlwollend sein, positive Energie verbreiten.** Immer das große Ganze im Auge behalten. Keine Feindbilder aufbauen. Nicht sagen: „Die X-Menschen sind schuld." Oder: „Die Y-Menschen haben angefangen." Ewige Schuldzuweisungen sind nicht hilfreich. Probleme nicht bekämpfen, sondern die Ursachen auflösen.

4. **Informationen verbreiten.** Andere Menschen auf Ausgleicher und Awarokratie hinweisen, ohne zu missionieren.

5. **Ausgleicher im Alltag sein.** Jeder kann sich selbst zum Ausgleicher erklären und in seinem Umfeld neutral und nachhaltig handeln. Mit gutem Beispiel vorangehen. Nicht herrschen und nicht kämpfen, sondern ausgleichen und gestalten. Alle Interessen sollen berücksichtigt werden, nicht

nur die der Starken und Einflussreichen. Jeder soll das bekommen, was ihm zusteht.

Wenn wir diese Maßnahmen umsetzen, werden sich bereits in kurzer Zeit spürbare Veränderungen ergeben. Menschen werden beobachten, dass das verbesserte System sehr gute Ergebnisse liefert. Es wird als weise erkannt und deshalb von anderen übernommen werden. Die Entwicklung der Menschheit kann sich stark beschleunigen. Wir alle haben dadurch die Möglichkeit, noch innerhalb unserer Lebenszeit von großartigen Erfindungen und Entdeckungen zu profitieren. Das allgemeine Bewusstsein wird sich auf jeden Fall erhöhen und erweitern. Die Frage ist nur, ob wir die großen Sprünge noch erleben – oder erst unsere Kinder oder Enkel.

2.9 Ein kurzer Blick in die Zukunft

Menschen sind wissbegierig und ungeduldig. Sie möchten alles genau wissen und alles sofort haben. Der Verfasser dieser Zeilen wird oft gefragt, was das denn für „großartige Erfindungen und Entdeckungen" sind, die da angeblich in der Zukunft auf uns lauern. Hier ist ein Beispiel:

Die Aura-Waage

Viele Zeitgenossen werden zusammenzucken, wenn sie den Begriff Aura hören. Bislang kennen wir ihn vor allem aus dem Bereich der Esoterik und der Kunst. Damit ist ein Energiekörper gemeint, der jeden biologischen Körper umgibt und der derzeit nur von „hellsichtigen" Menschen in Form eines Strahlenkranzes gesehen werden kann. Manche Leser werden jetzt sagen: „Was für ein Blödsinn! Ist nicht bewiesen! Daran glauben nur Spinner!"

Leider ist es wahr, dass sich auf dem Feld der Esoterik einige Scharlatane tummeln, die die Leichtgläubigkeit ihrer Mitmenschen ausnutzen, um davon (meist finanziell) zu profitieren. Es ist aber ebenso richtig, dass unter diesem Oberbegriff viele Lehrer und Heiler zusammengefasst werden, die ehrbare Absichten haben und deren Ideen sich sehr positiv auf die Gemeinschaft auswirken. Gute Produkte kamen schon oft aus weniger guten Umgebungen. Erinnern wir uns nur an Sputnik, den ersten künstlichen Satelliten, der die Erde auf einer stabilen Bahn umkreiste. Er wurde in der damaligen Sowjetunion entwickelt, einem Land, in dem die Menschenrechte sehr eingeschränkt galten. Aber die Wissenschaftler aus dem Osten erreichten das Ziel vor ihren Kollegen aus dem freiheitlichen Westen.

Ähnlich ist es mit der Aura. Die Idee stammt aus einem Umfeld, das nicht sehr wissenschaftsorientiert ist – aber in diesem Punkt haben die Esoteriker recht. Der Energiekörper des Menschen existiert, und er kann mit einer speziellen Maschine abgebildet werden. Diese Aura-Waage besitzt das Potenzial, um die Medizin revolutionieren. Ärzte werden dadurch erkennen, ob ein Mensch mit sich selbst „im Gleichgewicht" ist. Die Aura-Waage offenbart nicht nur die Symptome einer Krankheit, sondern auch deren Urgründe. Sie liegen immer im Bereich der Psyche. Hauptursache ist Angst und deren Auswüchse. Wut, Hass, Sorgen und Zweifel wirken nicht nur nach außen (etwa in Form von Wutausbrüchen oder Hassreden), sie strahlen auch nach innen und schädigen die Organe. Die Aura-Waage zeigt die gesundheitliche Lage eines Menschen in einem detaillierten Bild. Der Arzt wird seine Behandlung darauf abstimmen und den Patienten dauerhaft heilen. Alle Krankheiten – selbst Krebs, Alzheimer und Virusinfektionen – gehören damit der Vergangenheit an.

Das Ende aller Kämpfe

Jetzt stellt sich natürlich die Frage: Woher weiß der Autor das? Die Antwort ist nicht überraschend: Die Aura-Waage war schon immer da. Es ist dasselbe Prinzip wie beim Hubschrauber, der auch schon existierte, bevor Leonardo da Vinci seine erste Skizze davon anfertigte. Die Aura-Waage liegt vor uns in Gestalt einer potenziell vorhandenen Realität. Wir haben die Möglichkeit, sie zu uns „herüberzuziehen", sie zu verwirklichen. Das kann innerhalb der nächsten Jahrzehnte geschehen – oder innerhalb der nächsten Jahrhunderte. Es hängt davon ab, wie fest wir daran glauben und wie viele Menschen sich auf den Weg machen, um die Maschine zu uns zu holen. Die Wegbeschreibung ist bereits vorhanden. Offen ist nur, in welchem Jahr die Aura-Waage ihren Betrieb aufnimmt.

Die Folgen werden weltbewegend sein. Jegliche Form von Kampf wird danach beendet sein, weil jeder unreife Mensch sieht, dass er sich mit der Aggression selbst schadet. Auch der Kampf für das „Gute" oder die „gerechte Sache" greift nicht nur den Feind an, sondern auch den Kämpfer selbst. Deshalb werden wir in Zukunft keine Armeen mehr benötigen (ausgenommen die technischen Hilfswerke), Polizei und Justiz können deutlich reduziert werden.

Zu den großartigen Erfindungen und Entdeckungen, zum Wesen der Zeit und des Raumes, zum Sinn des Lebens und vielen weiteren spannenden Themen gibt es noch viel mehr zu sagen. All das wird sich in den späteren Büchern von Konrad Pilger finden.

3. Quellenverzeichnis

Nr. 1
„The presidential order instructed OWI to undertake campaigns to enhance public understanding of the war at home and abroad; to coordinate government information activities; and to handle liaison with the press, radio and motion pictures."

Clayton R. Koppes und Gregory D. Black
"Hollywood goes to war", S. 59. The Free Press, New York, 1987.

Nr. 2
„Das Land (Frankreich) war in seinem *Nationalstolz* verletzt; die Regierung drohte mit Krieg und rüstete; gleichzeitig verschob sich der Konfliktgegenstand. Frankreich verlangte die Revision der Verträge von 1815 und – die Rheingrenze."

Thomas Nipperdey
„Deutsche Geschichte 1800 – 1866", S. 365. Verlag C. H. Beck, München, 1998.

Nr. 3
„Seit Oktober 1921 verschoss die spanische Artillerie bereits Granaten mit erstickenden Kampfstoffen. Während der Schlacht von Tizi Azza, die am 15. Juli 1923 begann, setzte sie zum ersten Mal Senfgasgranaten ein. (…) Im Juni 1924 wurden die ersten Senfgasbomben aus der Luft abgeworfen."

Dirk Sasse
„Franzosen, Briten und Deutsche im Rifkrieg 1921-1926:
Spekulanten und Sympathisanten, Deserteure und Hasar-
deure im Dienste Abdelkrims." S. 60. Oldenbourg Wissen-
schaftsverlag, München, 2006.

Nr. 4
„Spanier beginnen Rückeroberung Marokkos.
„19. September 1921. (…) Von nun an sollen außerdem
Flammenwerfer und Giftgas die Rückeroberung der ver-
lorenen Gebiete erleichtern."

Bodo Harenberg (Herausgeber)
„Chronik 1921", S. 158. Harenberg Verlag, Dortmund,
1989.

Nr. 5
„Auch 1933 fand sich die sudetendeutsche Frage neben
anderen in einer Deklaration der Kommunistischen sog. III.
Internationale zum 10. Jahrestag der Besetzung des
deutschen Ruhrgebietes durch Frankreich und Belgien. Es
hieß darin u.a.:
*Die Konferenz (der Komintern) stellt fest, dass das revolutionäre
Proletariat (…) einen schonungslosen Kampf gegen die imperialistische
und kriegerische Politik der eigenen Bourgeoisie und die nationale
Unterdrückung entfaltet:*
gegen die Besetzung des Saargebietes;
gegen die Unterdrückung Elsaß-Lothringens;
gegen die Raubpolitik des polnischen Imperialismus gegenüber Danzig;
*gegen die nationale Unterdrückung in Oberschlesien, Pommerellen und
Südtirol;*
*gegen die Versklavung der Völker und nationalen Minderheiten in der
Tschechoslowakei;*

gegen die Entrechtung des österreichischen Volkes. "

Fritz Peter Habel
„Dokumente zur Sudetenfrage", S. 337. Langen Müller, München, 2003.

Nr. 6
„Erklärung deutscher Fraktionen des Abgeordnetenhauses im tschechoslowakischen Parlament am 7. April 1932:
Seit Monaten unternehmen politische Staatsorgane durch Verhöre, Hausdurchsuchungen und Verhaftungen Eingriffe in die Rechte deutscher Staatsbürger; die tschechische Presse bringt täglich unkontrollierte und unkontrollierbare Nachrichten über angebliche hochverräterische oder geheimbündlerische Tätigkeit im deutschen Lager; jede Verdächtigung oder anonyme Anzeige wird zum Ausgangspunkt eines Verfahrens gemacht, das sich oft monatelang hinzieht, ohne dass in der tschechischen Öffentlichkeit verzeichnet würde, dass die anhängigen Fälle fast durchwegs zur Einstellung der Verfahren führen. "

„Dokumente zu Sudetenfrage", S. 338.

Nr. 7
„Dr. Karel Vischkofsky (auch Viskovsky geschrieben, Anm. d. Verf.), tschechischer Bodenamtspräsident (…). Bezeichnete die 1929 abgeschlossene Bodenreform als ein *Werk der politischen Vergeltung und Wiedergutmachung des den Tschechen nach der Schlacht am Weißen Berg (1620) zugefügten Unrechts.* In Böhmen allein wurden 1.068.601 Hektar landwirtschaftlichen Bodens enteignet und an 270.966 tschechische Bewerber verteilt. Die sogenannten 1.282 Restgüter wurden zu Spottpreisen an die Günstlinge Vischkofskys verkauft."

Friedrich G. Kürbisch (Herausgeber)
„Dieses Land schläft einen unruhigen Schlaf – Sozialreportagen 1918-45", S. 72. Verlag J.H.W. Dietz Nachf., Berlin und Bonn, 1981.

Nr. 8

„Die CSR-Staatszeitung Ceskoslovenska Republica schreibt im Oktober 1921:
Die deutsche Minderheit in Brünn wird wie ein Stück Eis in der Sonne zerschmelzen. Nichts kann sie retten. Auf alle Art zur Beschleunigung dieser Entwicklung hinzuarbeiten ist selbstverständliche Pflicht der tschechischen Mehrheit. "

„Dokumente zur Sudetenfrage", S. 308.

Nr. 9

„Die Durchführungsverordnung zum Sprachengesetz von 1920 beinhaltete schikanöse Bedingungen für die von den deutschen Beamten abzulegende tschechische Sprachprüfung. Zehntausende von Deutschen verloren daraufhin ihren Arbeitsplatz. (...)
Das Ergebnis der 24 sudetendeutschen Petitionen an den Völkerbund von 1920 bis 1931, bei denen Grundsatz- und Detailkonflikte angesprochen wurden, war deprimierend: In keinem Fall wurde in der beklagten Sache eine Änderung erreicht."

Fritz Peter Habel
„Die Sudetendeutschen – Studienbuchreihe der Stiftung Ostdeutscher Kulturrat, Band 1", S. 40. Langen Müller, München, 1992.

Nr. 10

„Hitler hatte das Buch bereits in den zwanziger Jahren gelesen und bezeichnete es als große Inspiration. Die 1921 erschienene deutsche Übersetzung war später in NSDAP-Kreisen äußerst beliebt. Im gleichen Jahr finanzierte Ford auch die Übersetzung und Veröffentlichung der „Protokolle der Weisen von Zion" in den USA. Die Sammlung fiktiver Protokolle, die eine Weltverschwörung des „internationalen Judentums" beweisen sollten, ist die wahrscheinlich erste weitverbreitete Verschwörungstheorie.

Gesche Sager
„Der Diktator von Detroit"
Der Spiegel, Ausgabe vom 29.07.2008

Nr. 11

„Perry (Flottenchef der US-amerikanischen Kriegsmarine, Anm. d. Verf.) fand dies zwar ermutigend, aber nicht hinreichend, und bestand auf dem Abschluss eines Freundschafts- und Handelsvertrages. Er demonstrierte seine Militärmacht, begann, die Bucht von Edo zu vermessen, und unterstrich seine Forderung schließlich mit der (in Wirklichkeit absurden) Behauptung, bei einer Weigerung der Japaner eine Flotte von 100 Kriegsschiffen gegen Japan aufzubieten. Daraufhin willigte das Bakufu (die japanische Militärregierung) in Verhandlungen ein, die (...) zum Abschluss eines Friedens- und Freundschaftsvertrages führten, der am 31. März 1854 in Kanagawa unterzeichnet wurde. Von den beiderseitigen Vorteilen oder einer Befristung, wie sie Fillmore (Millard Fillmore, 13. Präsident der USA) in seinem Schreiben in Aussicht gestellt hatte, konnte keine Rede mehr sein. Es handelte sich um einen

Ungleichen Vertrag, eine typische Technik des westlichen Imperialismus."

Reinhard Zöllner
„Geschichte Japans", S. 143. UTB Ferdinand Schöningh Verlag, Paderborn, 2006.

Nr. 12
„Der Handel – oder besser: Schmuggel, denn Kaiser Yongzheng hatte den Import schon 1729 verboten – mit der Droge stieg ab den 1770ern stetig an. (…) ab 1820 wuchs die Menge sprunghaft an, und nachdem England 1834 das Monopol der East India Company aufgehoben und den Handel mit China freigegeben hatte, erreichte der Umsatz 40.000 Kisten: zweieinhalb Millionen kg reines Rauschgift pro Jahr."

Kai Vogelsang
„Geschichte Chinas", S. 446. Reclam Verlag, Stuttgart, 2012.

Nr. 13
„In die Geschichte ist der Krieg, der nun zwischen dem Britischen Empire und dem Reich der Mitte losbrach, als *Opiumkrieg* eingegangen. Gewiss ist er einer der schrecklichsten Beispiele von rücksichtsloser Durchsetzung imperialistischer Ziele, eines Kolonialismus eigener Art, bei dem es kaum um Landgewinn und trotzdem um die schonungslose Ausbeutung einer großen Nation ging (…)."

Matthias Seefelder
„Opium – Eine Kulturgeschichte", S. 172. DTV, München, 1990.

Nr. 14

„Es war ein ungleicher Krieg, in dem die Chinesen mit hölzernen Sampans gegen gepanzerte Kanonenboote kämpften, mit Lanzen und Schwertern gegen moderne Artillerie, mit Bauernmilizen gegen Berufssoldaten."

„Geschichte Chinas", S. 452.

Nr. 15

„Gegen Ende August segelte Pottinger mit der britischen Flotte nach Norden, bemächtigte sich der Städte Xiamen (Amoy) und Ningbo und eroberte Zhoushan zurück. Nach Eintreffen der Verstärkung aus Indien im späten Frühjahr 1842 schnitt er, um die Qing zur Kapitulation zu zwingen, Chinas Hauptwasserwege ab. Im Juni stürmte die Briten dann Shanghai, und im Juli nahmen sie Zhenjiang ein, obwohl die Mandschu mit dem Mut der Verzweiflung kämpften. Dutzende von Qing begingen, als an der Niederlage nicht mehr zu rütteln war, mit ihren Familien Selbstmord, der Verkehr auf dem Kaiserkanal und dem Unterlauf des Yangzi kam zum Erliegen. Die Qing boten Verhandlungen an, doch Pottinger ignorierte dieses Angebot, stieß bis zur großen Stadt Nanjing vor und formierte am 5. August vor den Mauern der früheren Hauptstadt der Ming-Dynastie seine Truppen zum Angriff. Das veranlasste die Qing, um Frieden nachzusuchen, und am 29. August unterzeichneten die Mandschu-Bevollmächtigten und der Generalgouverneur von Liangjiang die ins Chinesische übersetzten Bedingungen des Vertrags von Nanjing. Daoguang stimmte dem Vertrag im Dezember zu, und Königin Viktoria ratifizierte ihn Ende Dezember."

Jonathan D. Spence

„Chinas Weg in die Moderne", S. 196/197. DTV, München, 2001.

Nr. 16

„Hier taucht erneut die Philosophie des *caveat-emptor-*Prinzips auf. Und so verwundert es nicht, dass in den Verträgen von Nanking gar nichts über den Handel mit Opium gesagt wird. Auch die Frage der Mission wird nicht angesprochen. Beide Handelsobjekte, das Opium und die christliche Lehre, bleiben Contrabande."

„Opium – Eine Kulturgeschichte", S. 177/178.

Nr. 17

„Die Taiping-Rebellion war der größte und blutigste Bürgerkrieg der Weltgeschichte. Er forderte 20 – 30 Millionen Todesopfer."

„Geschichte Chinas", S. 455.

Nr. 18

„Nach neuesten Forschungen starben zwischen 1851 und 1868 zwischen 20 und 100 Millionen Menschen, die chinesische Bevölkerung ging von 410 Millionen im Jahr 1851 auf 350 Millionen im Jahr 1873 zurück."

„Schwarzbuch der Weltgeschichte", S. 345. Area Verlag, Erftstadt, 2004.

Nr. 19

„Schätzungsweise 10 % aller Chinesen sollen im 19. Jahrhundert Opium geraucht haben, davon 3 – 5 % exzessiv. Rund 15 Millionen Abhängige gab es am Ende des 19.

Jahrhunderts, die von der Droge langsam ausgezehrt und in den Tod getrieben wurden."

„Geschichte Chinas", S. 448.

Nr. 20
„1945 konnte China etwa 40 Millionen Opiumraucher verzeichnen."

„Opium – Eine Kulturgeschichte", S. 183.

Nr. 21
„Sie (die Bauern) wandten sich immer mehr der Mohnkultur zu, entzogen der Erzeugung von Getreide immer mehr fruchtbares Land und verursachten dadurch ihrerseits, mindestens teilweise, die großen Hungersnöte dieser Zeit."

„Opium – Eine Kulturgeschichte", S. 92.

Nr. 22
„Das traditionelle System der Getreidevorratshaltung der Haushalte und Dörfer, das über ein komplexes Netzwerk patrimonialer Verpflichtungen funktionierte, wurde nach dem Aufstand der Sepoys 1857/58 weitgehend durch Bestände von Händlern ersetzt, für die bar bezahlt werden musste."

Mike Davis
„Die Geburt der Dritten Welt", S. 36. Assoziation A, Berlin, 2004.

Nr. 23

„Da jeder Quadratmeter als eine potenzielle Steuerquelle galt, privatisierten und versteigerten die Briten das Gemeindeland der Dörfer. Die Dorfbewohner mussten sogar die Regierung um die Erlaubnis zum Hausbau bitten, *die selten erteilt wurde, aus Furcht, die Gebäude würden die Agrarflächen verkleinern und die Regierungseinnahmen gefährden.*"

„Die Geburt der Dritten Welt", S. 334.

Nr. 24

„*Dies bedeutete,* hebt David Hardiman hervor, *dass dementsprechend nur noch Grundeigentümer ein Recht auf das Wasser auf ihrem Land hatten: Auf diesem Weg wurden alle, die über keine kolonialen Landbesitzurkunden verfügten, vom Zugang zum Wasser ausgeschlossen (…), was zu einem Zusammenbruch der traditionellen Verwaltungsstrukturen der Wasserversorgung führte.* Selbst Wasserspeicher und Brunnen wurden privatisiert, so dass – wie Satya im Fall Berar zeigt – *sich der Wassermangel zum ersten Mal (…) zu einem Problem entwickelte und sowohl die Menschen als auch das Vieh in große Not brachte.* Die nachfolgende Weigerung des Staates, die lokale Bewässerung zu fördern, führte zu untergründigem Hass in der Bevölkerung, und zwar nicht nur in Berat, sondern überall im indischen Landesinneren."

„Die Geburt der Dritten Welt," S. 334.

Nr. 25

„Darüber hinaus ermunterten die Briten mit ihrer Ablehnung jeglicher Preiskontrollen all diejenigen, die Geld hatten, sich an dem Wahnsinn der Getreidespekulation zu beteiligen. (…)

Die (Preis-)Entwicklung war so extrem und die Vorräte angesichts des allgemein bekannten Bedarfs waren dermaßen dürftig, dass Kaufleute und Händler mit der Aussicht auf enorme zukünftige Gewinne fest entschlossen waren, ihre Bestände auf unbestimmte Zeit zu horten und sich nicht von einer Ware zu trennen, die so ungeheuer wertvoll wurde."

„Die Geburt der Dritten Welt", S. 36.

Nr. 26
„Zwischen 1877 und 1878 exportierten die Getreidehändler lieber die Rekordmenge von 6,4 Millionen Zentnern Weizen nach Europa, anstatt den Hunger in Indien zu lindern."

„Die Geburt der Dritten Welt", S. 41.

Nr. 27
„(…) doch ein großer Teil des Überschusses war nach England exportiert worden. Die Londoner aßen somit am Ende das Brot der Inder. *Es erscheint anomal,* schrieb ein besorgter Beobachter, *dass Indien mit seiner Hungersnöten dazu in der Lage sein soll, andere Teile der Welt mit Nahrungsmitteln zu versorgen."*

„Die Geburt der Dritten Welt", S. 36.

Nr. 28
„Die Einbindung der Landwirtschaft in den Warenkreislauf zerstörte in den Dörfern das System gegenseitiger Unterstützung, das traditionell für das Wohl der Armen gesorgt hatte. (Als würde man sagen: *Hoppla, ein Systemfehler: fünfzig Millionen Tote. Tut uns leid. Das nächste Mal führen wir einen Hungerkodex ein.)*

„Die Geburt der Dritten Welt", S. 19.

Nr. 29

„Auch Pierre Loti erreichte Rajputana (*ein Land der toten Wälder, der toten Dschungel, ein Land, in dem alles tot war*) mit einem Zug, dem Wagenladungen wertvollen Getreides angehängt waren. Sein Bericht enthält wahrscheinlich die erschütterndste Beschreibung der Zustände von 1899. An jedem Bahnhof lauschten die zermürbten Passagiere demselben schrecklichen *Lied des Hungers*. Es war das Wimmern der verhungernden Kinder:

Im ersten Dorf, in dem wir halten, hören wir ein Geräusch, als das laute Rattern der Räder nachlässt – ein eigenartiges Geräusch, bei dem es uns eiskalt den Rücken hinunterläuft, noch bevor wir begreifen, was es ist. Es ist der Anfang dieses grauenvollen Liedes, das wir jetzt häufig zu hören bekommen werden, jetzt, nachdem wir im Land des Hungers angekommen sind. Es sind fast nur Kinderstimmen, und es klingt ähnlich wie der Lärm, den man vom Spielplatz einer Schule kennt, aber gleichzeitig hat es etwas unbeschreiblich Gellendes und Schwaches und Schrilles, das uns mit Schmerz erfüllt.

Oh, seht die armen kleinen Dinger, wie sie dort gegen den Zaun drängeln, mit ihren bis auf die Knochen abgemagerten Ärmchen, und wie sie ihre ausgezehrten Hände nach uns ausstrecken!"

„Die Geburt der Dritten Welt", S. 175.

Nr. 30

Zeittafel 1800 bis 1900. „32 Millionen Hungertote in Indien, davon allein 26 Millionen im letzten Vierteljahrhundert."

„Schwarzbuch der Weltgeschichte", S. 336.

Nr. 31

„Zwischen 1872 und 1921 werden (in Indien) 10 Hungersnöte gezählt – abgesehen von solchen, die nur kleinere Bezirke betreffen. (…) Die größte Katastrophe dieser Jahrzehnte ist die Hungersnot von 1918/19, der eine Grippeepidemie folgt. 45 Millionen Tote werden für diese beiden Jahre geschätzt (niedrigste Schätzung). Besonders hoch ist in diesen Jahren die Säuglings- und Kindersterblichkeit."

Ernst Kirsten, Ernst Buchholz, Wolfgang Köllmann „Raum und Bevölkerung in der Weltgeschichte, Band 4", S. 115. A. G. Ploetz Verlag, Würzburg, 1965.

Nr. 32

„Nachdem französische Truppen den Sommerpalast (Yuanming yuan) nordöstlich von Beijing (Peking) geplündert hatten, machten sich englische Truppen auf Befehl von Lord Elgin daran, die 150 Hektar große Anlage, ein Abbild des Weltreichs, mit ihren prächtigen Gärten, Hügeln, Pavillons, Wasserspielen, ihren Palästen und Tempeln in Schutt und Asche zu legen. Ein *Weltwunder* wurde zerstört, wie Victor Hugo 1861 klagte."

„Geschichte Chinas", S. 456.

Nr. 33

„Auf den Plantagen herrschten schlimme Zustände. So starben auf der Michelin-Plantage zwischen 1917 und 1944 von 45.000 Arbeitern 12.000."

Rolf Steininger

„Der Vietnamkrieg", S. 6. S. Fischer Verlag/Spektrum der Wissenschaft, Frankfurt, 2004.

Nr. 34

„Sie (die Vietminh) wurde angeführt von der zweiten, alles überragenden Gestalt Nordvietnams, General Vo Nguyen Giap, Jahrgang 1911. Giap hatte Jura studiert und dann Geschichte unterrichtet, als die französische Kolonialmacht seine Familie ermordete: Seine Frau und ein Kleinkind starben im Gefängnis, Vater, Schwester, Schwager und Schwägerin unter der Guillotine."

„Der Vietnamkrieg", S. 7.

Nr. 35

„Es war der erste Guerillakrieg in Asien; auf seinem Höhepunkt band er zwei Drittel der gesamten US-Streitkräfte auf den Philippinen (126.000 Mann) und nahm an Brutalität den Vietnamkrieg vorweg. Nach zwei Jahren erbitterten Kampfes gaben sich die Freiheitskämpfer geschlagen. (…)
Die amerikanische Kolonialbürokratie versuchte nun, die Filipinos durch die Einführung des amerikanischen Englisch als der Amtssprache für Unterricht, Geschäft und Verwaltung zu *Weltbürgern* zu machen. Für die Uneinsichtigen und Unbelehrbaren trat am 01. Juni 1903 ein Gesetz in Kraft, der sogenannte *Reconcentration Act 781,* das ein hartes Vorgehen gegen aufständische Filipinos, von den USA als *bandolerismo* (Banditentum) bezeichnet, ermöglichte."

Wolfgang Effenberger, Konrad Löw
„Pax americana", S. 178. Herbig, München, 2004.

Nr. 36

„Als im Frühjahr 1900 immer mehr Bauern verhungerten, gaben amerikanische Offiziere in ihrer Korrespondenz offen zu, dass Aushungern zur offiziellen militärischen Strategie geworden war. Colonel Dickman aus Panay schrieb: *Das unvermeidliche Ergebnis wird sein, dass noch vor Ablauf der nächsten sechs Monate weitere zahlreiche Menschen an Hunger sterben werden.* (…) Trotzdem ist de Bevoise davon überzeugt, dass *der Tod von mehr als einer Million Menschen, bei einer Gesamtbevölkerung von etwa sieben Millionen, direkt und indirekt auf den amerikanischen Krieg zurückzuführen ist.* Im Vergleich entspricht das etwa der Sterblichkeit während der Hungersnot in Irland um 1840."

„Die Geburt der Dritten Welt", S. 204.

Nr. 37

„Der Gouverneur der jungen Kolonie Western Australia nutzte eine Abteilung des örtlichen Regimentes in dem Gefecht von Pinjarra im Jahr 1834, in dem rund 30 Angehörige der Nyoongah erschossen wurden. Die Gouverneure setzten gelegentlich auch berittene Polizei ein, später ergänzt um eingeborene berittene Polizei. Der Mobilität und der Feuerkraft solcher paramilitärischer Kräfte war nur schwer zu widerstehen, und mit der Aufnahme von Aborigines in diese Truppen machten die Briten erneut Gebrauch von jener alten Herrschaftstechnik, welche die Einheimischen zur Niederwerfung widerspenstiger Bevölkerungsteile heranzog. Unter dem Kommando von Major James Nunn führte die berittene Polizei von New South Wales im Jahre 1838 eine *Befriedungsaktion* durch, die im Volk der Kamilaroi mehr als 100 Todesopfer forderte."

Albrecht Hagemann

„Kleine Geschichte Australiens", S. 58. C. H. Beck, München, 2004.

Nr. 38

„Die *Queensland Native Police* erhielt auf Grund des Eingeborenenangriffs (1857) den über 38 Jahre wirksamen Befehl, auf alle Aboriginal-Versammlungen zu schießen."

„Kleine Geschichte Australiens", S. 59.

Nr. 39

„Damit die Forderung auch als solche verstanden wurde, verfügte Roosevelt das Einfrieren aller japanischen Guthaben in den Vereinigten Staaten und verhängte ein vollständiges Ölembargo, dem sich die britische Regierung anschloss und zwei Tage später auch die Holländer. Der holländische Schritt – Niederländisch-Ostindien stellte den Handelsverkehr mit Japan ein – sollte sich als der wirkungsvollste erweisen, denn nun war Japan mit einem Schlag der lebenswichtigen Erdölversorgung beraubt. Heftige Auseinandersetzungen in den japanischen Regierungskreisen führten am 31. Juli erstmals zur Frage, ob ein Krieg mit den Vereinigten Staaten zu wagen sei."

„Pax americana", S. 324.

Nr. 40

„Allmählich dringen amerikanische Farmer nach Hawaii vor. 1887 erhalten die USA das ausschließliche Recht auf einen Marinestützpunkt in Pearl Harbor. 1894 erkennen sie die Republik von Hawaii an. 1898 annektieren sie Hawaii: der Kongress akzeptiert die Annexion in einer gemeinsamen Resolution."

140

Karlheinz Deschner
„Der Moloch – eine kritische Geschichte der USA", S. 153.
Heyne Verlag, München, 1992.

Nr. 41

„Die Herrschaft wurde von Beamten des Zaren ausgeübt, die unterbezahlt waren und sich durch Ignoranz und Bestechlichkeit auszeichneten. Die Bauern reagierten darauf mit stummer Verachtung, aber auch mit offener Revolte. Dann verstümmelten sie das Vieh auf der Weide, brannten Scheunen und Herrensitze nieder und ermordeten deren Besitzer. Im Jahr 1902 waren 300 Infanteriebataillone und Reiterschwadronen notwendig, um die Aufstände zu unterdrücken, die nach einer besonders schlechten Ernte ausgebrochen waren."

Brian Moynahan
„Das Jahrhundert Russlands 1894 – 1994", S. 41. C. Bertelsmann Verlag, München, 1994.

Nr. 42

„MOSSIE SCHNAPPT SICH ENGLANDS ÖL – DOCH NAVY KOMMT ZUR RETTUNG, hieß die Schlagzeile des *Daily Express*. Und als ob man das Jahr 1905 und nicht 1951 schrieb, planten die Engländer, das berühmte *Kanonenboot* zu schicken, um zurückzuholen, was die Iraner ihnen genommen hatten."

Leonard Mosley
„Weltmacht Öl – Der Kampf um das Schwarze Gold", S. 145, Verlag Kurt Desch, München, 1974.

Nr. 43

„Als sich die innenpolitische Situation im Iran zuspitzte und der Schah schließlich aufgrund der Massendemonstrationen und nach einem gescheiterten Versuch, Mosaddeq abzusetzen, Anfang August 1953 ins italienische Exil floh, stimme Eisenhower der *Operation Ajax* zu, einer bis dahin beispiellosen Geheimdienstaktion.

Mit Unterstützung der CIA und des britischen Auslandsgeheimdienstes MI6 führte General Fazlollah Zahedi noch im gleichen Monat einen Staatsstreich durch. Der unbequeme Premierminister wurde gestürzt und zu einer dreijährigen Haftstrafe mit anschließendem lebenslangem Hausarrest verurteilt. Der Schah aber kehrte triumphal nach Teheran zurück."

Hakan Baykal
„Vom Perserreich zum Iran", S. 152. Konrad Theiss Verlag, Stuttgart, 2007.

Lesen Sie bitte auch meinen Roman DIE AUSGLEI-CHERIN.

Inhaltsangabe:

Die Demokratie der Zukunft: Kanzler und Präsidenten sind ersetzt durch die Ausgleicher. Sie haben die Aufgabe, den besten Kompromiss zwischen gegensätzlichen Positionen zu finden. Lea Sheldon ist Ausgleicherin der Europäischen Union. Über zwei Amtszeiten hat sie große Erfolge erzielt. Doch dann kommt es zu einer Serie von Bombenanschlägen, die viele Opfer fordern. Es brodelt in Europa, politische und religiöse Extremisten gewinnen an Einfluss.
Hilfe naht in Gestalt von Marek Morawski, einem jungen Polizeikommissar aus Polen. Er schleust sich in eine Geheimorganisation ein, die hinter den Anschlägen steht. Als Sonderermittler ist er Lea unterstellt. Die beiden kommen sich näher. Allerdings haben sie weit mehr Hürden zu überwinden als nur den Altersunterschied.

Zu beziehen über BoD.de

Weitere Informationen erhalten Sie auf meinem YouTube-Kanal KONRAD PILGER.